「気の使い方」がうまい人

山﨑武也
Takeya Yamasaki

三笠書房

はじめに――〝信頼される人〟が実践している「人間関係のコツ」

自分の経験を振り返ってみて、人にしてもらってうれしかったことがあれば、それを人に対してしてみる。自分が嫌に思ったことは人に対して絶対にしない。これは人間関係の基本であるが、まさに「いうは易《やす》く行うは難《かた》い」ことでもある。それができるようになるためには、常に心掛けて、日々研鑽《けんさん》を積む以外に方法がない。

また、自分の「権利」を主張すれば、大勢の人の中では、そのために「不都合」な思いをする人がいるはずだ。

そんなときは、自分の権利と相手の不都合とのバランスを考えたうえで、適切な判断を下す必要がある。相手の不都合は避けられないにしても、相手のことを考え、そして配慮するという気持ちが必要だ。

そうしたことができれば、その人は「心のある人」だといえる。日々「殺伐さ」を増してきている世の中に対して、「緩衝《かんしょう》人間」としての役割を果たすことができる。そうすれば、必ず人にも好かれる結果になる。

周囲を見回してみると、何が取り柄というわけでもないのに誰からも好かれる人がいたり、反対に、取り立てて欠点もないのに敬遠されがちな人がいる。**人から好感を持たれるか否かは、実はほんのちょっとしたことで決まるといえる。相手の立場に立って考えられるかどうか、それ次第なのである。**

例えば、誰かをほめるときでも、ありきたりのお世辞ではなく、その人の「ひそかな自慢」をほめるようにする。誰でも、他人から見ればとるに足りないようなことでも、心ひそかに得意に思っていることがあるものだ。そうした点に気づき、ほめてくれる人がいれば、その人に対して好感を持つことは間違いない。

また、会話中、相手が何かのついでに口にしたささいな話題を覚えておいて、次にその人と話すときにその話題を持ち出してみるのもよい。相手はおそらく、自分の話の細かいところまで聞いていたことや、したがって自分に関心を持っているということを感じてうれしく思うだろう。

本書は、このような気配りの例について、さまざまな場面ごとに記している。**どれも決して難しいものではなく、今すぐできる簡単なものばかりである。そして、好ましい人間関係をつくりだすのに必ず役立つ**はずだ。

自分の義務さえ果たせばよいといって、それだけ守っていたのでは、人間として最低限のところに位置しているにすぎない。もっと広く深く「常識」に基づいて考えていき、「人間の義務」を果たす必要がある。

特に、人間関係をよい方向にもっていくためには、自分の都合だけを考えるのではなく、ちょっとでよいから「相手の都合」にも考えを及ぼして、相手に気を使う。それができる人こそが、「好感を持たれる人」なのである。

常識をルールとして確立する必要がある。そうすれば、安心して働き、心行くまで遊び、楽しくつきあい、夜も枕を高くして寝ることができる。そのためには、皆が少しずつちょっとだけ人のことを考えようとする習慣をつければよいのだ。心構えの問題である。

山﨑武也

もくじ

1章 「だから、この人とはウマが合う!」
――心が伝わる21の会話術

2章

「思いがけないこと」
――相手を楽しくさせる14の秘訣

3章 「気がきく人」はここが違う!

——相手の心をつかむ25の気配り

4章

「嫌い」を「好き」に変える！
――「その人」と親しくなるための19の心理術

5章

「一緒にいるだけで気分がいい」
――好感を持たれる人の22の共通項

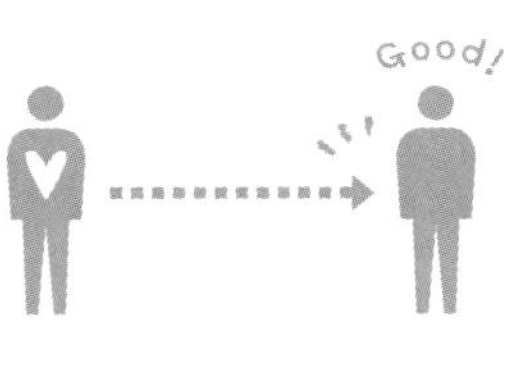
Good!

1章

「だから、この人とはウマが合う！」

――心が伝わる21の会話術

1

「話をしていて楽しい人」のこんな気配り

気がきく人、気配りのできる人というのは、必ず相手の心の中をきちんと読みとっている。そのために、「自分が相手の立場だったら」と常に考え、行動している。

かなり図太い神経の人でも、社交的な場では、人にしてもらいたいことを、してほしいとストレートにいうことはない。婉曲《えんきょく》なかたちで自分の要望を人に知らせようと努力する。その一つの方法が、**人にしてもらいたいことをその人に対してするというテクニック**である。

典型的な例は、皆で酒を飲んでいる場で必ず見られる場面である。人に酒を注ごうとする人は、人に酒を注いでもらいたいと思っている人だ。その証拠に、注ごうとしている人の盃《さかずき》やコップは、まずは必ず空になっている。酒を注ごうと思っている相手の盃やコップは、必ずしも空ではないし、まだいっぱいになっている場合もある。暗に相手が自分にも注いでくれることを、要望ないしは期待している。自分の盃やコップが空になっている点に気づいてほしいと願っているのだ。

社交的な会話の場合も同様である。相手がしてきた質問に対して、とうとうと答えただけでは十分ではない。それで相手の関心事に対して情報を与えたと思って、満足していてはいけない。その「相手の関心事」という点に注目する必要がある。すなわち、その質問の中にある話題について、他人のことに関して聞いたということは、自分に関しても聞いてほしい、話したいという気持ちがあると考えてよい。

相手に同じ質問の「お返し」をする必要がある。すると、相手は話したいことが話せるので、気分が乗ってくる。話が上手な人、話をしていて楽しい人という印象を与える結果になり、会話も調子づいてくる。

レセプションやパーティーで特に初対面の人との会話においては、相手の話した内容の端々に引っかかっていけばよい。そのようにしていけば、話題は次々と出てくる。また、**会話が途切れないようにするためには、単にイエスかノーかで答えられる質問は避ける**べきだ。例えば「東京は初めてですか」と聞いたのでは、イエスかノーの返事で話が続かなくなる可能性がある。「東京にはどのくらい頻繁にくるのですか」と聞けば、それに対する答えは少しは長いものにならざるをえない。

多少はくだらない話題だと思っても、そこから連鎖反応的に面白い話や、共通する関心事などの話が出てくる。話を続けるのがコツだ。

2 人の話を聞くのが上手な人

何か新しい情報を入手したとき、人に伝えればありがたがるか面白がるかすると思って、ちょっと得意ぎみに話す。そんなときに、相手が平然として、「ああ、そうだよ」といった反応を示すとがっかりする。と同時に、ちょっとむっとした気持ちが頭をもたげてくる。不愉快になる。

相手の反応の中に、「私はすでに知っていたが、君は今まで知らなかったのか」というニュアンスを感じるからである。

相手がすでに知っていたのは事実であって、相手は少しも悪くないのであるが、自分の好意が無視されたと感じる。自分の行為が「空振り」に終わったことに対して、ちょっとした自己嫌悪に陥っているのである。

そのような複雑な感情がエスカレートしていけば、「二度と情報の提供をしてやるものか」といった、捨て鉢に近い気持ちになる場合もある。

したがって、情報を提供される側としては、**たとえ自分が知っている情報であっても、ただ「すでに知っている」という反応を示してはいけない。**もっと慎重に対処する必要がある。

すなわち、まず情報提供に対して、感謝の意を表明しなくてはいけない。そのうえで、たとえ自分がすでに知っていることであっても、まず相手のいうことに対して虚《きょ》心坦懐《しんたんかい》に耳を傾ける。もしかすると、自分の持っている情報と微妙に違っている場合もある。さらに詳細にわたる情報が提供されるかもしれない。

一般的に、話の内容を聞かないでいて、それについて知っているというのは、正確を期する観点からすれば、すべて間違いであるといわざるをえない。知っていたかどうかは、全部聞いた後からでないといえないはずだ。

ましてや、ちょっと聞きかじった程度で自分が知っている話題の場合に知ったふりをしたのでは、せっかくの正確な情報を入手する機会をみすみす失ってしまう。

そんなときは、**「ちょっと話を聞いたが」といって、さらに詳しく内容について質問したり、なぜなのかなどと理由も聞いてみる。**

そのようにすれば、人の話を聞くのが上手な人との評価が定着し、人にも好かれる。また、人が競って情報を持ち込んでくれるようにもなる。最初のちょっとした言葉の違いで、結果が大いに違ってくるのだ。

3

「なるほど」――この一言が持つ〝意外な効果〟

マーケティングの仕事に携わっていた友人に、年配の大物には常にかわいがられているのがいた。新しい企画を立てては売り込むのだが、まったく新しいものだけに、最終的には企業のトップの人にも会う機会がある。そのときは大体は末席あたりにいるのだが、必ず目をかけられるようになる。

彼は人が何かいったときに、よく耳を傾けたうえで、「なるほど」と声に出して、大きくうなずくのである。**「なるほど」という言葉は、相手のいうことが正しいことを認め、それに賛同の意を表すものである。**それに、話している相手の正しい知識や優れた見識に対して、感心するという風情も表現する。

ほかの人は、偉い人のいうことであるから、いずれにしても拝聴し、そのとおりにしなくてはならない、と初めから考えている。ところが、彼の場合は、一人の人間がいうこととして、先入観を持たないで聞き、十分に納得した姿勢を示している。感心したという心情を込めて「なるほど」というのだ。

さらに歓談の機会でもあれば、「さすが」といって、相手には期待したとおりの見識があるので、改めて感心したという気持ちを表明する。大物にとっては、「かわいげ」のある「愛《う》い奴」ということになる。

もちろん、自分がそう思わなかったり、あまり感心もしなかったりしたときに、「なるほど」といったのでは、単なるご機嫌とりに終わってしまう。いつも「なるほど」とか「さすが」とかいっていたのでは、そういう口癖の人であるという悪評が立ってしまうだけだ。

へつらいの気持ちがあってはならない。また目下《めした》の人たちに対しても、正しいことをいっていると思ったときは、はっきりと言葉に出して「なるほど」という。感心された人はそういってくれた人に対して、自分を率直に正しく評価してくれる人であるという印象を抱き、信頼を寄せる。自信もつくので、さらに前向きに考える姿勢になる。

どんな人でも、いつかは何か正しいことを必ずいう。そのときに、率直に「なるほど」といえるかどうかは、いつも広く平らな心で人に対しているかどうかで決まる。

人の話を聞くときは、身分や肩書きという鎧《よろい》をまとった「人」を聞くのではなく、人間の「話」を聞くという姿勢が肝要だ。

4

会話が弾む上手な「相づち」

人が一所懸命に話しているときに水を差そうと思ったら、目をそらせばよい。それでは失礼すぎるという場合であれば、無表情に構えて、まったく反応を示さないようにする。すると、相手は取りつく島がなくなる。コミュニケーションの回線を断ち切った状態になるからである。

コミュニケーションがより活発に行われるためには、聞き手が話し手に調子を合わせる必要がある。調子が合うと調子に乗ってくる。話をする意欲が強くなってくるのだ。調子を合わせる方法の一つに、相づちを打つというのがある。自分が同感ないしは理解をしたことを示すために、うなずくのである。

相づちとは、もともと、鍛冶《かじ》で刀などを熱して二人で打ち鍛えるとき、主となる人の打つ槌《つち》に対して、従となる人が向かい合って打つ槌のことである。お互いのリズムとテンポが合わなかったら、よい作品ができないだけではない。怪我をする危険性もある。お互いの呼吸を計って、お互いに合わせるようにしなくてはならない。

人の話を聞くのは、ただ耳を傾け続けるという消極的な行為ではなく、相手が上手

に話ができるように気を配るという積極的な行為である。相手を補助しようとする意識を持ち続ける必要がある。相手の話に対して「合《あい》の手」を入れれば、話にも身が入ってくる。

聞き上手になるためには、まず好奇心を持ち続ける姿勢が必要である。どんな人のどんなにつまらないと思う話にも、自分にとって何らかの参考になることは必ずある。そこから勉強しようとする意欲的な心構えがあれば、聞くという行為に対しても、自然に熱が入ってくる。

その熱心さが相手に通じれば、相手の話にも自《おの》ずと力が入ってくる。このようにしていけば、コミュニケーションが相互に十分行われた結果になる。よく、一方的に話しまくった人が、「今日はよいお話をうかがい、非常にためになりました」などといって、聞き手に感謝することがある。それは、相づちを打ったり、ちょっとした質問をしたりして、相手の話のスムーズな進行を助けたので、話し手の頭の中が明確に整理されたからである。

話し手としては、聞き手から、そのつど的確なフィードバックをもらったので、非常に有益なポイントを確認したことにもなり、見聞を広めたかたちにもなったのだ。聞き上手には、友人たちからも次々と「お座敷」がかかってくるはずである。

5 つい口が滑ってしまったとき、どうする？

いってはいけないことを、つい口が滑っていってしまうことがある。うっかりして、相手の親友である人の言動について、非難めいたことをいったようなときだ。いってしまった後で、その人が相手の学生時代の同級生であることに気がついたが、まさに後の祭りである。「いけない」と思っても、もう取り返しがつかない。気詰まりな状況におかれてしまう。しかし同時に、相手ないしはその場にいる人が、失言に気づかなかったのではないか、とワラにもすがる思いを抱くこともある。

もちろん、誰の目にも明らかな失言の場合には、即座に非礼を謝るべきである。**くどくどと言い訳がましいことをいわないで、とにかく平身低頭して許しを乞《こ》うのだ。**なぜ失言に至ったかについて理由を挙げたりして釈明すればするほど、失言のポイントが鮮明になる。逆に、問題を大きくしてしまう結果になる。

人に誤解を与えるような発言であったなどといって、自分を弁解しようとすることがあるが、言語道断である。解釈を誤った人のほうが悪い、といわんばかりだ。よこしまな考えを持っているから悪く解釈した、と決めつけるのと同じである。失言のときは、自分が一〇〇パーセント悪かった、と率直に認めるべきだ。

悪いことをしたときに、小細工で体裁を整えようとするのがいちばんよくない。卑怯な人だと軽蔑される。ずるい人であるから信用できない、という烙印を押されてしまうだけだ。

また、**目の前にいる人が失言をしたときは、どのように対処したらよいか。**かなり以前であるが、私が連れていったことのあるレストランについて、相手が瞬間的にその事実を忘れていて、料理の質がよくないといったような話をしたときだ。失言を正面から指摘して責めたのでは、騒ぎになるだけである。失言はうっかりしていったことだ。意図的なものではなく、ましてや悪意はない。いった本人の顔には、後悔の様子が明らかに見てとれる。

したがって、**そのような場合の失言は、できるだけ「なかったことにする」のがよい。すなわち、できれば気がつかないふりをして無視する。**話が続いているときは、先を促すかたちで、話が途切れないような雰囲気にしていく。突如として話題を変えるのは、失言をカバーしようとする意図が、逆に顕著になってくるのでよくない。

人の失言をあげつらうのは、愚の骨頂だ。「触らぬ神に祟《たた》りなし」を信条として、知らぬふりをし、静かに忘却のかなたへと追いやる雰囲気づくりをするべきである。

6

「つまらない冗談」への切り返しは?

冗談をいうときは、ただ単に自分が思いついたので面白がっていうときもあるが、大体は人を面白がらせようと思っていう。目の前にいる人を喜ばせようとしたり、その場の雰囲気を盛り上げようとしたりしている。すなわち、もともとの意図は、よりよき人間関係を目指した善意から発している。積極的なアプローチである。

したがって、冗談に対しては好意的に反応するのが原則である。**面白い冗談であったら笑い、面白くなくても笑顔ぐらいは見せる。**相手が喜ばせようとしていっているのであるから、その「厚情」に対しては、それなりに感謝の意味を込めた反応をするべきだ。たとえ、駄じゃれであっても、できるだけ積極的に解釈して笑おうとしてみる。せめて苦笑ぐらいはして、何らかのはっきりとした反応を示す必要がある。もちろん、親しい友だち同士であれば、面白くも何ともないといって批判をすることもある。しかし、そのようなときは、その批判自体に「ふざけ」の要素があって、ほかならぬ冗談になっている。

きちんと冗談に対して冗談を返すというやりとりが行われている。すなわち、友好的なコミュニケーションが成り立っている。会話を活発にし、座を盛り上げるのに一役買っているのだ。友人同士ならではの呼吸が合っている状態である。

いずれにしても、人の冗談に対して無表情なのは、座を白けさせるだけだ。冗談だと思ったら、笑みを浮かべて聞けばよい。何人か人がいて、ほかの人が笑ったら、重要な問題について話しているのでない限り、自分も笑顔を見せる。**冗談の意味を詮索するのは野暮だ。**

つまるところ、冗談は冗談である。無駄口であり、ふざけているのだ。その場の雰囲気を明るくしようとする意図であるから、その意図に従う。無駄口に対して真剣に対応する必要はないし、してはいけない。

昔、ニューヨークで初めてミュージカルを見た人の話だ。連れていった友人は滞米経験も長く英語に堪能なのだが、舞台上の台詞《せりふ》にはスラングが多く、完全には理解できない。特に聴衆が笑う部分は難解で、まったくわからない。しかし件《くだん》の人は、皆と一緒に声高らかに笑っている。舞台が終わった後で、その語学力に感心した旨をいった。すると、件の人物も舞台上の台詞はまったくわからなかったのだという。皆が笑っているので合わせて笑っていただけだが、それで十分楽しかった、というのである。いい加減のきらいがあるが、人と一緒に楽しむ術としては、必ずしも悪くない。

7

必ず打ちとける「目線の魔術」

小さな子供に話しかけるとき、立ったまま見下ろすような姿勢でしたのでは、きちんとしたコミュニケーションは成立しない。一方的に上から下へという威圧感が、子供を無意識のうちに抑えつけているからである。コミュニケーションは対等の足場に立ってのみ可能である、という原則が忘れられている。

まず、物理的に対等な状態をつくり出さなくてはならない。すなわち、**子供に対しては膝を折って姿勢を低くして、目線の高さを同じにする**のである。そうすると、子供に対する気持ちの持ち方も、自然に謙虚なものになる。物理的に対等なかたちをつくれば、精神的にも対等な心理状態になれるのである。子供に対しても、友人に対するがごとくに話すことができるようになる。

そのような状況に対しては、子供は敏感に反応する。威圧的な大人ではなく、自分よりは経験深い人生の先輩が、自分のことも考えてくれながら自分に話しかけてくれていると感じる。

好感を持って、大人のいうことを聞こうとする姿勢になるのである。

子供に限らず大人に対する場合でも、例えば車椅子の人と話をするときは、やはりしゃがんでからにする必要がある。ゴルフ競技の場合において、対等な立場をつくり出すために、ハンディキャップを利用するのと同じである。皆が平等な条件で楽しめるようにする考えである。特に身体に障害のある人に対する場合は、その点に考慮した言動をしなくてはいけない。

講義や講演をするときは、講師は一段と高くなった壇上から話すことが多い。もちろん皆から顔が見えるようにという配慮もある。しかし、押しつける話ではなく、人の心に訴えかける話をする場合は、講師の目線が学生や聴衆のとできるだけ同じ高さになるように配慮する。そのほうが、話の内容が聞く人の頭の中にスムーズに入っていく。それだけ理解の度合いが高まる。

人に対する場合は常に謙虚にという心掛けが重要なことは、誰でも知っている。高ぶることを戒め、身を低くする心構えである。しかし、物理的に身を低くすることは、意外に忘れがちな点である。**平身低頭はいきすぎであるが、身も頭も相手と同じ高さに保って話をする「並身低頭」を肝に銘じる。そこから優しい人柄が滲《にじ》み出してくる。**

8

「絶対にしてはいけない」携帯電話の使い方

どうしても早急に会って相談したいといわれ、何とかスケジュールを調整して会う約束をした。私の事務室にきてもらったのであるが、重要な用件だというので、私の直通電話にかかってきた電話も秘書にとってもらうように頼んでおいた。

二十分足らずで話は終わったが、その間、彼の携帯電話に電話が三回もかかってきた。そのたびに、人を訪ねて話をしている最中だから後で電話するといって切るのだが、せっかくの話が中断される。こちらも、一所懸命に相手の話に耳を傾け、適切な解決策ないしは推進策について助言しようと思っても、話の腰を折られるので本気で考える気が薄れてしまう。

重要な話をする場合は、携帯電話を持っていたら、そのスイッチを切っておくか、音が鳴らないように設定しておくべきだ。目の前で話をしている人と、その場に電話をかけてきた人と、どちらのほうに話をする優先権があるか。緊急である場合を除き、目の前にいる人の優先順位が上であるのは当然だ。すなわち、かかってきた電話は、割り込みをしようとしている結果になっている。電話は割り込みの常習者となる性格を持っているので、その点をよく考えたうえで使用しなくてはならない。

電話一本あれば、ある程度の事務所機能がある。誇張していえば、携帯電話をオンにしたまま人の事務室に入ってくるのは、ちょっとの間であれ、そこを自分の事務所がわりに使用しようとする意図でもある。許可なき闖入《ちんにゅう》といってもよい。

それに、重要な話だといっておきながら、割り込みの電話にも対応しようとするのは、ほかにもっと重要な電話がかかってくるのを期待しているからである、ともいえる。少なくとも、私との話に集中して、何らかの成果を導き出そうとする熱意に欠けている。同じような相談を、ほかの人にも仕掛けておいて、その人からのよいニュースを待っているのではないかと勘ぐりたくもなる。目の前で携帯電話に二回も三回も電話がかかってくるのを見ると、二股も三股もかけているのではないかと疑う。このようなことは極めて瑣末《さまつ》な問題だが、ちょっとした疑心でも、何かをしようとする熱意を大いに殺《そ》ぐ結果になる。

人と話しているとき、その人との話に集中しようと思ったら、とにかく携帯電話が鳴らないようにする。目の前にいる人に対して、話の内容は何であれ、全身全霊でぶつかっていく心構え、というより「気迫」が必要だ。そうすれば、一つひとつの出会いが、自分にとって、少なくとも有意義なものとなり、実を結ぶ結果になる確率も高い。

9

「目は口ほどにものをいう」

二十名足らずの外資系の会社で、女性の事務員が辞めることになった。仲がよかった同僚の事務員が提案をして、女性だけで簡単な送別会を開くことが決まった。場所や日時についてはとんとん拍子で決まり、皆も同意した。その費用について、会社で負担してもらいたいという希望が多かったので、幹事が会社の管理部門の担当者に、その旨を電子メールで伝えた。

会社に送別会についてのルールはなかった。二、三年以上勤めた管理職の場合に、会社が費用を負担して送別会をした前例があるだけである。そこで担当者は、会社で費用負担はできないという返事を出した。外資系に勤務するくらいだから、幹事も、自分が思ったことは遠慮なく主張するタイプである。すぐに担当者に対して、なぜノーなのかという質問をした。

それに対して、担当者がいくつかの理由を挙げると、こんどは幹事がそれを論破しようとする。そのやりとりが続いて、電子メール合戦となった。結局、担当者の上司が幹事に口頭で説明し、幹事を納得させて、「終戦」へと漕ぎつけた。

電子メールで議論を戦わせ始めると、自分の論点を強調し、相手の論点の難点について揚げ足をとる傾向が出てくる。特に、瑣末な問題になればなるほど、細かい点が気になるので、その傾向が強くなる。相手の電子メールの字面《じづら》だけで判断するので、相手の気持ちがまったくわからなくなる。

したがって、**意見が分かれ議論になりそうな問題については、同じ社内であれば、電子メールなどという血の通わない手段を使ってはいけない。**面と向かって話し合うのだ。相手の目を見ながら、率直な気持ちで話をする。人間同士のコミュニケーションにおける目の重要性については、心に深く刻みつけて忘れてはならない。

それに関することわざも多い。「目は口ほどにものをいう」。目だけでもコミュニケーションができるのであるから、相手の目を見るのは必須の条件である。「目は心の鏡」。目を見れば、相手の心の中も、すなわち真意もはっきりとわかる。「目で見て口でいえ」。自分の目で見て確かめてからでないと、自分の考えをいってはいけない。

面と向かっていれば、相手のボディーランゲージも観察できる。それに何よりも、人間同士であるという認識があるので、敵に回すよりも味方にしようとする意識がはたらく。論点を追究するよりも、妥協点を探す方向へと向かっていく。人間は戦争は嫌いで平和が好きだ。

10

「詮索好きの人」「根掘り葉掘り聞く人」

高校の同窓会が東京であり、出席者の二割くらいは田舎からやってきた。久し振りの会なので、近況を話し合ったり、最近の世の中の傾向について意見を交わしたりして旧交を温め合った。全体に和やかな雰囲気であったが、皆しゃべるのにも忙しく、喧騒《けんそう》を極めた会でもあった。

田舎から参加した人で、積極的に話はしていたが、自分の近況については口をつぐんでいる人がいた。家族のことを聞いても、曖昧な返事が返ってくるので、誰もそれ以上は追及しようとはしなかった。

しかし、詮索好きで悪名の高い一人だけ、しつこくいろいろなことを聞いていた。それに対しても曖昧な返事を繰り返して、できるだけその詮索好きな人を避けようとしていた。最後に、どこに泊まるのかと聞かれ、ホテルと答えた。すると、詮索好きは、どのホテルかと聞き、それに対して曖昧な答えが返ってくると、矢継ぎ早にホテルの名前を挙げ、そのうちのどのホテルかとしつこかった。そこで、当の本人は堪忍袋の緒が切れて、「あなたには関係ないでしょう」といって席を蹴って帰る結末になった。

これは常識外れの極端に詮索好きの人の話ではあるが、つい好奇心が高じると、誰でも犯す可能性のある過ちである。**何かの質問に対して、相手が言葉を濁したり曖昧なことをいったり、また黙っているときは、それ以上聞いてはいけない。**それらは「答えたくない」という明確なメッセージであると解釈する必要がある。

もちろん、答えたくないという側としては、相手は自分の不利な方向へ解釈するであろう、と覚悟しなくてはならない。

よく、メディア上で、肯定するか否定するかと聞かれ、「ノーコメント」と答えているが、それは自分の不利なほうの答えとして解釈されるのが確実である。

いずれにしても、自分の興味本位から人のことを根掘り葉掘り聞くのは、人に疎《うと》まれるだけだ。人を採用しようとするときも、家族のことなど個人的なことについては、あまり細かく聞かない傾向になっている。学歴もまったく無視しようとして聞かない企業もあるくらいだ。

その是非は別として、直接に関係のない個人的なことは聞かないほうが、人間関係はスムーズにいく。

11

パーティーの祝辞――気がきく人、きかない人

公式のレセプションやパーティーでは、初めに主催者側の挨拶があり、次いで主だった客の祝辞があるのが普通だ。その集まりの目的や趣旨については、参集した者にも大体わかっているが、やはり公式性を前面に打ち出し、儀式の要素を強調するためには、念のために述べておく必要はある。

しかし、挨拶や祝辞が長々と続くと、うんざりした気分になる。趣旨に賛同し、祝おうとした気持ちも半減し、イライラしてくる。特に立食スタイルの会の場合は、直立不動の姿勢を長い時間にわたって保つことを強《し》いられるので、話し手を憎む気持ちにさえなる。

祝辞については、その会を祝う気持ちを率直に述べれば、それで十分である。何か気のきいたことをいおうと思ったり、自分自身の存在を印象づけようとしたりするから、つい話が長くなる。ましてや、自分に対して与えられた発言のチャンスと考えたりすれば、自分のいいたいことを縷々《るる》述べる結果になる。

例えば結婚披露宴の祝辞であれば、焦点を常に主役である新郎新婦に当て続けて、

最も印象的なことを話すのだ。長々とした話ではポイントがわからなくなり、人の心に訴える力はない。自分を売り込む場ではないし、自分の才能や知識をひけらかす場でもない。自分はどこまでも主役を引き立てる脇役に徹するべきである。

ある結婚披露宴で、新郎の友人である落語家の卵が祝辞を述べた。面白おかしい話ではあったが、新郎とはあまり関係のない長々とした話であったので、心ある人たちは白々しい気分になった。独りで調子に乗っただけで、祝辞というカテゴリーに入るものではなかった。

いずれにしても、祝辞は要を得て簡潔なのがいちばんだ。**短く話そうと思ったら、ポイントを絞らざるをえない。そうすると自然に的を射た話になる**はずだ。そのほうが人の心に訴える力が大きい。

「長々とした物量」で迫るよりも、「簡潔な上質」を旨とすべきである。長々としゃべった人に限って、最後に「簡単ではありますが」といって断る人が多い。簡単であったら礼を失すると思っている気配である。多分、「丁重」であることと「簡単」であることが相反すると考えているのだ。

話が長くなると、人の集中力もついていけなくなる。簡潔がよい、もう一つの理由である。

12

自分の〝持ち時間〟を計算する癖をつけよう

レセプション会場の入口や出口で、ホスト側が来場者の一人ひとりに対して、親しく挨拶をする場合がある。わざわざ出席するという厚情に対して、丁重に感謝の意を表明する礼儀正しい方式だ。

しかし、一人ひとりといっても大勢なので、ゆっくりと話をする時間はない。ホスト側としては、大勢の人を相手にするのであるから、月並みな感謝の文句の繰り返しに終始する結果にならざるをえない。したがって、その単調さを破るためにも、招待された側としては、**ちょっと気のきいたことを簡潔にいう工夫**を凝らすべきである。

簡潔というのが絶対条件である。久し振りに顔を見て懐かしさが溢れ出るような相手でも、話が長くなってはいけない。

大勢の人が自分の後に続いていることを念頭において、自分の持ち時間内に話を終えなくてはならない。一瞬立ち止まって目と目を合わせ、お辞儀ないしは握手をして、いうべきことを一息にいったら即座に通り過ぎるくらいの感覚である。遠くから見ていたら、立ち止まったとは感じられない程度の時間内であり、大きな流れに乗った動きでなくてはならない。

ちょっと話が長くなる人がいたら、その途端に人の流れは止まってしまう。前後の人の動きを観察しながら、自分に割り当てられた持ち時間を計算し、それ以上の時間を使ってはならない。長々と話したい気持ちも、頭を使えば、その思いを短い言葉の中に込めることはできる。

茶道の中で使った道具のいくつかを、客が手にとって観賞できる場面がある。珍しい品であればあるほど、時間をかけて見たいと思うのが人情だ。ためつすがめつ見るのに没頭して、ほかの人のことが目に入らなくなる人もいる。

しかし、優れた茶人の場合は、その茶会の全体の流れを十分に把握したうえで、その流れに自分の身を任せているので、自分が鑑賞する時間も長からず短からず、自然な流れのうちに終わる。

大勢の人がいる場では、常に自分の持ち時間を計算したうえで、それに従って自分の言動を律する必要がある。さもないと、ほかの人の時間を奪って、迷惑をかけてしまう。一人の利己的な行為が、全体の大きな流れによどみをつくり、後味の悪い結果をもたらす。

13

大勢の前で話す――嫌われるタイプ、好かれるタイプ

講演会などでは、最後に質疑応答の時間を設けるのが通例である。聴衆側としては、講師が詳しく話さなかった点や、関連する問題に関する講師の意見を知ることができる有用な機会だ。講師にとっても、自分の話がどの程度まで理解されたかを知るためには、時すでに遅しではあるが、大いに参考になる。

一般的には、話の内容がよく理解されたら質疑がないとされるが、実際はその逆だ。問題点が浮き彫りになり、それに対する説明が明確にされると、聴衆の頭の中は活性化される。関心の輪が広がり、興味の対象が深くなる。したがって、活発な質疑が行われるようになる。

聞く人の心に訴えかけるものが強ければ強いほど、その反動として、話し手に対してはたらきかけようとする力が出てくる。そこで、質疑をするというかたちでコミュニケーションが行われるのだ。したがって、活発な質疑で終わった講演は、一応成功したものと考えてよい。聞いた話に感動をした人が、何かを聞くというかたちに自分の感想を入れて発言するのも、講師にとってはありがたいフィードバックである。

しかし、**質疑をすると称して、自分の意見を長々と述べるのはルール違反**だ。国会の「代表質問」では、論点をはっきりさせるために自分の意見を述べることも許されているようだが、狭義の質問、すなわち質疑では許されない。質疑をする人は、あくまでも問い質《ただ》すことができるだけである。もちろん、自分の立場や考え方の背景については、多少の説明は必要だが、それは必要最小限にする必要がある。皆、一応は講師の話を聞きにきているのである。聴衆の一人の飛び入りの「講演」を聞きにきているのではない。ほかの人の迷惑になることは厳に慎むべきだ。

講師のお株を奪うのは、講師に対して礼を失した行為である。聴衆の一人になっているときは、聴衆としての分をわきまえ、その役割に徹しなくてはならない。**出すぎた言動は皆に小賢《こざか》しい印象を与え、たった一回だけの場合であっても、永久に人から好かれることはない。**

質問をすることによって、自分を目立たせ、「売り込もう」とするのは、差し出がましい出しゃばりのすることである。講師への感謝を表明し、講師の特色をさらに引き出そうとする質問でなくてはならない。講師が説明しつくせなかったところを指摘して、講師の考えを敷衍《ふえん》してもらおうとする意図から発したものである必要がある。いわば講師の黒子の役目を果たそうとする姿勢でなくてはならない。

14

いい社交辞令、悪い社交辞令

昔から日本では「皆で仲よく」というのが至上命令であった。小さな島国の中で少ない資源を分け合って生きていくために、調和を重んじるという環境が醸成されていった。しかし、近年になって交通やコミュニケーションの手段が急速に発展してきたため、欧米文化の影響が一段と大きくなり、大きく「開国」をする結果になっている。

安易に妥協するナアナア主義は、進歩を阻むものとして排され、思ったことは率直に主張する風潮が盛んになった。個人の自由を尊重する流れの中、自然なことだ。自分の主張をする訓練方法として、欧米風のディベートでは、一つのテーマに対して肯定する側と否定する側に分かれて、議論を戦わせ相手を説得しようとする。一種の言葉のスポーツといってよい。

したがって、実際のビジネスや生活の場でそのまま実践したのでは問題が起こる。ディベートは対論のための討論である点を忘れてはいけない。相手に打ち勝つ手法であるから、お互いの利を図るビジネスの場でも、その一部を応用するに留めるべきだ。

ましてや、**社交の場では争いになる可能性のあるものは、できるだけ避けるのが賢**

明である。もちろん、社交辞令に徹したほうがよい、というのではない。適当に自分の考え方も表明しなくては、胸襟《きょうきん》を開いた人と人とのつきあいにはならない。異なった考え方を持っている人と話し合ってこそ、自分自身のバランスを保っていくことができる。社交が自分にとって必要である理由は、まさにこの点にある。

自分の考えや意見を述べるのは必要だ。しかし、自分の主義主張に固執するあまり、それを人に押しつけたり、相手を説得してねじ伏せようとしたりするのはいきすぎである。社交の場においては、そのようなディベート的な姿勢は厳に慎むべきだ。

人が抱いている政治的な信条や宗教的な信仰心にかかわることは、耳を傾けて聞くに留める。特に宗教に関しては、批判的なことをいってはならない。信じている人にとっては、宗教は人生そのものである。それを批判することは、その人の人生を批判することになる。敬意を表して耳を傾けるべき所以《ゆえん》である。

論争をしても妥協点を見出すのが困難なことについては、最初から議論をしない。それよりも、**意見が合致する可能性が高い話題や、意見が異なっても好みの問題として片づけることができる話題を選ぶのが、上手な社交の秘訣**である。社交の場は、人が集まって仲よくするためのものだ。その目的に沿った話をするのは、集まった者全員の義務である。

15

「心のしこり」を残さないための方法

社内の会議などで議論が白熱することがある。それぞれの立場を主張してお互いに譲らないので、相手を攻撃する言葉も容赦のないものになってくる。舌鋒《ぜっぽう》鋭く、相手の論点の矛盾を突いたりして、口角泡を飛ばす様相を呈する。激しい口げんかとまったく同じである。

そのような会議も、会社内の縄張り争いでない限りは、結果的には会社のためを思った建設的な議論の場である。しかし、会議が終わった後、論議を戦わせた者同士の間には、ちょっとしたしこりが残る。仕事上の議論であり仕事の一部であると割り切ろうと思っても、気まずい思いが残るのは否定できない。

したがって、そのような思いを積極的に振り払う努力をする必要がある。まず、**意見が対立したのは、相手と人間的に対立したのではない**、と考える。自分の意見と相手の意見が異なっていたのであって、自分と相手の人間性の間に対立はない。罪を憎んで人を憎まずと同じように、「異見を憎んで人を憎まず」と考えるのだ。

反対の意見や考え方を知ったために、自分の意見や考え方の不十分なところや欠点がわかった。それだけ自分の意見に対してさらに磨きをかけることができた。そのように考えていくと、憎むのではなく感謝の念すら湧いてくる。そのように心を広く持っていけば、仕事の場の議論ほど、特に自分の考えに反対する異論ほど、自分自身のためになるものはない。

そのように考えることができれば、会議が終わった後、議論をした相手に対して、明るく笑顔で接することができる。スポーツマンシップを持ったスポーツマンが、試合の後に対戦相手をほめ讃えるのと同じである。相手の論点で優れていると思った点を指摘して、ほめてみる。そうすれば、相手が感じていた気まずさも吹き飛ばしてしまう。そこで笑顔の交換ができれば、二人の間のわだかまりも解けてしまう。

心のしこりはすぐに取り除く必要がある。放置しておくと、それは少しずつ大きくなる。時間の経過とともに、結晶作用が起こるのだ。気がついたときは、大手術をしなくては除去できないほどになる。腫瘍《しゆよう》は小さいうちに除去するのが原則だ。

論戦の後、顔を合わせる機会がなかったら、後から相手に電子メールを送っておく。相手の意見で参考になった点に焦点を合わせて、簡単なメモを書くのだ。相手の席が自分の近くであってもわざわざ出向かない。電子メールという独りで落ち着いて見ることのできる手段を使ったほうが、相手の心を穏やかにするためには効果的だ。

16

賢い〝不満の処理〟の仕方

不満を持っていない人はいない。しかし、その**不満の処理の仕方によって、人に好かれるかどうかが決まってくる。**誰彼なしに自分の不満をぶちまける人は、皆に敬遠され、最後には誰にも相手にされなくなる運命である。

いろいろと考えたうえで、何とか自分の心の中で解消を試みるのだが、消し去ることのできない不満がある。現在自分の働いている会社が、時代の流れから見たとき、どうしても生き残れる業種の中にあるとは思われない。転職をするほどの勇気はないので、考え悩み、現状を不満に思っているような場合である。そのようなときは、親しい友人や家族など、自分を理解して親身になってくれる人に対して、不満をぶちまけて聞いてもらうのも一つの方法である。特に、地球規模の話とか政治経済の大きな流れに関する不満であれば、自分の力はまったく及ばないので、不平不満を誰かに漏らす以外には、欲求不満の解消方法はない。

しかし、自分が最初から努力をしないで、不満を抱え込んでいる場合もある。まず、不満の種についてよく考えてみる必要がある。自分の周囲に原因のある不満であれば、その原因となる不満の種を解消することのできる人に対して、直接ぶつかっていくべきだ。

例えば、仕事の場で、もっと企画に関連した仕事がしたいと思っているにもかかわらず、地方回りの営業ばかりやらされるので嫌になっている場合だ。同僚や友人に不平を鳴らしていても、何ら活路は開けてこない。権限を持っている上司にいえば、何とかなるかもしれない。

ただし、その場合に「なぜ企画の仕事をやらせてくれないのですか」といって、不満を直接ぶちまけたのでは、その理由をいろいろ聞かされるだけだ。**不満ではなく、自分の希望を上司に訴える**のである。すなわち、上司を詰問するようないい方をしないで、「企画の仕事をやらせてください」と上司に頼むいい方にする。不満をいわれたら、自分が非難されたと感じるので、常に身構えて自分を守ろうとするはずだ。しかし、依頼を受けたら、できればしてやりたいと考える。積極的に考えるので、よい結果になる可能性がある。

自分の不満の種に相手が関係しているときは、不満の種を解消するために相手ができることを探して、それをしてくれと頼むのである。不平を鳴らす人よりは、自分の希望を率直にいう人のほうに好感を抱くのは当然だ。

17

ほめられたときのリアクションは？

持ち物についてであれ自分自身についてであれ、**ほめられたら、「ありがとう」といって率直に喜ぶのが鉄則**だ。

恥ずかしがって照れ隠しに否定したり、謙遜したり、あまり目立った反応を示さなかったりするのは、相手のせっかくの好意をないがしろにする。好意の受け取りを拒否するのは、非常に礼を失する行為である。

新しいスーツを着ていき、きれいなスーツだとほめられたとき、面映《おもは》ゆく感じる。そのために、相手のほめ言葉に対して、「いやいや」などといって否定すれば、相手が近寄ってこようとする気持ちに歯止めをかけることになる。

さらに皮肉に考えれば、「きれいだ」といった相手の審美眼が間違っているというメッセージにもなりかねない。

相手のほめ言葉に対しては、ストレートに感謝の意を表明し、自分も気に入っている旨をつけ加えておく。そうすれば、相手と自分との間に、小さいながらも一筋の「共感」の流れが生じ、お互いにほのぼのとした気分になれるはずだ。このような気持ちの流れの積み重ねが大きな流れになり、仲間同士の絆《きずな》が固く結ばれていく。

　自分の業績などについても、ほめられたときは、つい「大したことはない」といって否定したくなる。自分の「輝かしい」業績について、自慢たらしくとうとうと述べるのはよくない、謙遜しなくてはいけないと思っているあまり、否定的な反応を示そうとする。

　この点についても皮肉に考えれば、人が立派な業績だといっていることを「大したことはない」といったのでは、その程度の業績もない相手の人は、まさに「何もしていない人」であると決めつけるのと同じだ。

　自分の謙遜が高じて人をバカにする結果になる。**いきすぎた謙遜は、人のことをまったく考えない、極めて利己的な行為になる**のである。謙遜の美徳もほどほどにしなくてはいけない。

　ほめられたとき、照れ隠しのあまり、ほめ言葉を無視して早急に話題をそらす人がいるが、コミュニケーション能力ゼロの人だ。人がほめてくれるときは、喜ばせようとしているときであるから、即座に感謝の気持ちを表明して、率直に喜びを表現するのが自然だ。

　そこから、コミュニケーションの糸口が見つかり、お互いの理解が促進されていく。

18

相手にさわやかな印象を与えるこのしぐさ

沈思黙考するときは、よく腕組みをする。集中力を高め内に深く考えていく姿勢である。すなわち、人に対しては心を閉ざしている。必ずしも敵対的ではないが、身構えている心の状態を表している。

したがって、人と話をしているときに、腕組みをしている人を見たら、心を開いて自分をさらけ出そうとはしていないと判断して、まずは間違いない。

相対して話をしているときは、相手の目を見て相手に集中し、自分の誠意を示すのが礼儀である。まず、カタチでその態度を示す必要がある。

すなわち、相手に対してネガティブなボディーランゲージは、絶対に使わないようにと心を配らなくてはならない。**腕組みがいけないだけではなく、キョロキョロと周りを見回すのもいけない。**

そのほかにも、髪の毛を弄《もてあそ》んだりするのは、自意識過剰で相手の話に身を入れて聞いていない証拠であるだけでなく、不潔な感じを与える。指をせわしなく動かしたりするのも、人をイライラさせるだけで、それだけコミュニケーションの成功はおぼつかない。

ときどき、テレビなどの対談を注意深く観察してみるとよい。見ていて不快に感じたり失礼だと思うようなボディーランゲージがあれば、自分が人と話すときは慎むよう心掛ける。さわやかにスムーズに進行する場面に出会ったら、それはなぜかを考えながら分析してみる。そのうえで、よい部分を見習っていく。

そのようにして、人と話をするときの自分のカタチをつくり上げていくのだ。相手の話には誠意を持って耳を傾けなくてはいけないということは、誰でも頭の中ではわかっている。しかしながら、実際にはそれができない人が多い。カタチができていないからである。

正しいボディーランゲージを身につけておけば、自然に正しい振る舞いができるようになる。カタチをつくって、それを忠実に実行していけば、必ずココロも伴ってくる。「仏つくって魂入れず」といわれている。立派なカタチをつくってもココロを入れなければ、何の意味もない。しかし、同じカタチをずっと長く続けていけば、そのカタチにふさわしいココロが徐々に備わってくる。

「カタチつくれば魂入る」のである。カタチが正しく身についている人の挙動は、人にさわやかな印象を与えることは間違いない。

19

人前では親友だからこそ敬称で呼ぶのが大切

さまざまな場でいろいろな人に会う。

形式ばった出会いでないときは、まず当たり障りのないよもやま話に花を咲かせる。そのうちにお互いの仕事などの話にまで発展していく。それから、おもむろに名刺の交換である。そこで相手が親友と同じ組織の人であったりすると、さらに話に弾みがつく。

そんなとき、自分の親友が相手の上役である場合は、言葉遣いなどについて慎重にする必要がある。親友ともなれば、社会的に地位がある人であっても、呼び捨てである。思いがけなく親友の名前が出てきたので、懐かしさのあまり、人との話の中でも呼び捨てにしたくなる。

しかし、相手の心情について、思いを及ぼさなくてはならない。自分の親友であっても、相手にとっては上役である。たとえ親友中の親友であったとしても、相手との話の中では、きちんと「さんづけ」にしなくてはならない。それは**親友に対する敬意ではなくて、目の前にいる相手に敬意を表すため**である。

親友を呼び捨てにすれば、親友と自分は同列にあることを意味する。目の前にいる相手は親友の部下であるとなれば、相手は自分より下の地位にいるという構図が成り立つ。会社の中の上下関係というつながりと、純粋な人間関係における親友という同列のつながりを結びつけて考えるのは、論理的とはいえない。しかし、人間の感覚は、そのニュアンスを敏感に感じとる。

エライ人をよく知っていると人にいえば、一般的にも、偉ぶっていると考えられても仕方がない。自分をエライ人と同じレベルまで上げて考えてくれ、といっているのと同じだからである。自分自身に自信もなく実力もないので、優秀な人を引き合いに出すのであるが、「知っている」というだけでは何の参考にもならない。

「なるほどあの人は立派だが、ところであなたは」といわれても、きちんと筋の通った返事はできないであろう。

また、自分が「よく知っている」といってみても、相手は知っているといわれた人に、その点をすぐ確認できるわけではない。先方には、知っているという認識がまったくないかもしれない。名刺の交換をしたことがあるだけの場合もある。詐欺師的でハッタリをかけるのが得意な人がよく使う手法である。

20

打ち合わせ中は腕時計を見ない！

絶対に遅れてはいけない会合の時間が迫っているときは、話の途中であっても、相手にその旨をいって、話を打ち切らざるをえない。ビジネスライクに割り切ることのできる場合であれば、そのようにしても問題になることはない。特に時間に制限があることを、前もって相手にいって了承を得ている場合は、相手も仕方がないと思う。快く応じてくれて、何のわだかまりも残らないはずだ。

しかし、話の切り上げについて、単刀直入にはいいづらい場合もある。話が核心に及んでいて、相手が夢中になっているときに、話の腰を折るのは極めて難しい。特に相手のおかれている立場に同情的なときや、自分が相手に対して義務を負う立場にあるときなどは、話を中断するには相当な決意をしなくてはならない。そこで、どうしようかと思い悩むのである。

そのようなとき、人はつい自分の腕時計に目を走らせたりする。半ば無意識のうちに、そうしている。話を打ち切ろうとして意識的に時計を見るのは、明らかなマナー違反である。陰険な人のする行為であって、人々の顰蹙《ひんしゅく》を買うことは間違いない。

いずれにしても、腕時計を見るのを目にした人は、その人が時間を気にしているというメッセージを受け取るのである。話を早く切り上げなくてはならないと思う。少なくとも心にちょっとした抵抗を感じながら、話を終えなくてはならない。十分に満足した状態で別れることができないのは確かである。

そのように考えていくと、人と話をしているときには時計を見ないこと、という鉄則が浮かび上がってくる。時計を見るという行為は、話を切り上げたいという意思の表明であるが、それは婉曲というよりも慇懃《いんぎん》無礼な表現方法である、と考えるべきだ。

時間の経過が気になっているときでも、自分の時計は絶対に見るべきでない。**近くに壁掛けか置き時計があれば、それを何気なく見るとか、その場にいるほかの人の腕時計が見えるときはそれを見るともなく見る**とか、ちょっとした工夫を凝らす必要がある。そこで時間が差し迫っているのがわかったときは、話が終わるようにと、上手に会話を誘導していく。相手の気分を傷つけないようにと慎重にし、自分のペースも乱さないようにと頭を使う必要がある。その場の出発点は、自分の腕時計は絶対に見ないことである。時計を見たうえで、時間がなくなったから話を打ち切るというのは、極めて機械的な感じを与える。自然に話すべきことを話して、自然に会合が終わったという風情にしなくてはならない。

21

食事中のうまい話術、決め手はここ！

私が子供のころは、食事は静かにするものだと教えられた。ペチャクチャしゃべりながら食事をするのは、この上なく行儀の悪いこととされていた。

しかし、世の中の流れは変わり、アメリカ的な文化が隆盛となり、食事のときも会話を楽しむという風潮が一般的になった。黙々と食事にいそしむのは、非文化的な生活態度として排斥される傾向である。

しかしながら、食べるという行為と話をするという行為は、きっちりと分けてする必要がある。

すなわち、口の中に食べ物を入れたままや、咀嚼《そしやく》しながらしゃべるのは、見苦しく聞き苦しい。同時進行であってはならない。**食べ終わってから話し、話し終わってから食べる**という動作を繰り返す必要がある。

したがって、独りでしゃべりまくっていると、食事のスピードが人よりも遅くなる。また、相手にばかり話をさせていると、自分だけが先に食べ終わってしまう。その間のバランスをとるためには、交互に話をするような話題も選ばなくてはならない。巧みな話術を必要とする所以である。

相手の食べ方をよく観察しながら話を進めていかないと、相手の口の中に食べ物があるときに、相手が口を開くのを強要する結果になることがある。相手が正しいマナーを守ろうとする人であったら、慌てて食べ物を飲みこまなくてはならない羽目に追いこんでしまう。したがって、**相手がイエスかノーかでは答えられないような質問をするときは、相手が咀嚼し終わる瞬間を目がけてする必要がある。**

親しい友人同士で集まって食事をするときは、特定の話題について話が盛り上がり、つい皆が我がちにしゃべろうとする状況になる。口の中に食べ物を入れたままでわめきちらすようになると、もう紳士淑女の世界とはいいがたい。利己的本能が優先する動物的社会であるというほかかない。食べることと話をすることとは同時には両立しない点を、再度銘記する必要がある。

さらに、食べ物が口の中にあるときは、噛むときであれ味わうときであれ、口を閉じてしなくてはいけない。さもないと、聞き苦しい音を立てる結果になり、人に品の悪い印象を与える。食べるときの音は最小限にというのが原則である。

2章

「思いがけないこと」

――相手を楽しくさせる14の秘訣

22

相手に「この人は特別」と思わせる法

何かのついでに話したことを、後日人が話題にすることがある。例えば、以前に訪ねていった地方でおいしい日本酒を飲んだのだが、その銘柄が思い出せないなどという、極めてたわいのない話である。自分が話したときは、皆が聞き流していた様子に見えたので、ほかの人には興味のないことだと思っていた。自分自身も、話したかどうかはっきりとした記憶がないようなことが突如として、話の焦点になってきた。

まず、聞き流していた様子に反して、実際はその人が自分の話に耳を傾けていてくれたということを知り、うれしく思う。それに、覚えていてくれたということは、その人の関心をかなりの程度に引いたという事実を示している。自分自身に対して関心を持っていて、一人の人間として認めてくれている証拠である。

特に、その相手がずっと目上の人であったりするときは、自分を一人前として扱ってくれていることがわかり、自信が出てくる。また、相手がちょっと気になる異性であるときは、お互いの人間関係に関する発展の可能性について、ちょっとしたとっかかりができた気配を感じる。いずれにしても、それを話題にしてくれた相手との間に、コミュニケーションの直通回線ができたかのように感じる。

どのように小さな話題でも、それを発展させていけば、大きな議論の題目にすることができる。温めておいて上手に肉付けをすれば、皆の興味を引く面白いテーマになる。要は、話題のどの部分に焦点を合わせ、それをどのように引き延ばしていくかにかかっている。

したがって、**特定の人と親交を深めようとか、もっと仲よくなろうと思ったら、ほかに多くの人がいても、その人の話に対して虚心坦懐に耳を傾ける**ことだ。どのような些細な部分に対しても注意を集中する。特にほかの人たちが関心を示さなかった部分に注目するのだ。

その話題について考え、必要があれば情報を収集したうえで、静かに温めておく。**次にその相手と話す機会があったときに、その話題を持ち出す**のである。本人が忘れかけていたことを人が覚えていてくれたとき、本人の心にはちょっとした「感動のさざ波」が立つ。関心を持って覚えてくれていた人は、ほかの人から「差別化」される。「その他大勢」の集団から抜け出すきっかけになる。

ちょっとした話題を材料にするのだ。些細であるからこそ、料理の仕方によっては、人の心に大きな影響を及ぼす効果を生じるのである。

23

「一度会った人は絶対に忘れない」こんなひと工夫

ある会社を初めて訪れたとき、社長が帰り際に秘書を呼んで、記念だといって一緒に並んでいる写真をとらせた。

後日、丁重な書状とともに写真が送られてきた。それを契機として、その社長と仕事上のつきあいをするようになった。

初めての訪問者と一緒に写真をとるのは、その社長の習慣であることが、後になってわかった。**相手がどんな人であれ、その人の顔を覚えるために、また自分の顔を覚えてもらうために写真をとる**のである。確かに、一度ちょっと会っただけでは、時間の経過とともに、顔などは忘れてしまう。写真にとって、ときどき眺めておけば、名前と顔に対する記憶を新たにすることができる。

また、その写真を相手に送っておけば、自分の顔も覚えてもらえるだけではなく、会った後のいわばアフターサービス的な効用もある。印象的なかたちで、相手の記憶に残る結果になるのである。一人ひとりとの出会いを大切にするというメッセージも伝わる。極めて実用的な習慣である。

自分のほうは前に会ったことを覚えていても、先方にはまったく記憶がないときはがっかりする。また、相手が自分のことを覚えているにもかかわらず、自分はどうしても思い出せないときは、申し訳なく自責の念にさいなまれる。単に自分の記憶だけに頼っていたのでは、そのような状況を避けることはできない。

記憶の補助手段を利用するのである。もちろん写真をとるのは最良の方法の一つであるが、人に会うたびにところかまわず写真をとったのでは、奇癖《きへき》の人という評判になるだけだ。私の場合は、仕事の場であれレセプションなどの会の場であれ、**会って話をした人の名前を、いつも持ち歩いているポケットダイアリーに書く**ことを習慣にしている。初めて会った人だけに限らず、旧知の人も含めてである。

昼食会やレセプションに出席する前などに、ちょっとダイアリーに目を走らせておく。年に一、二回開催の例会に出席するときは、前年や前回に会って話をした人をチェックしておく。特に、大きな会で初めて会った人は、一年も経過すれば忘れてしまう。前に会ったことを覚えてもらっていれば、うれしくなるのが人情だ。

人間同士の気持ちが交流する幸せな瞬間である。

24

中元・歳暮よりずっと効果的な「贈り物」

亡くなって久しくなる叔父の一人は、周囲の人たちにいろいろと気を使う人だった。紳士服のデザイナーであったが、業界ではそれなりの地位を築き上げていた。勉強熱心で常に技術とセンスを磨いていたが、よく気を配る人としても知られていた。私も叔父の仕事の一部を手伝っていたが、その仕事をしていく中で、人づきあいについて多くを学んだ。

叔父は技術の指導で、日本各地の会社や工場を飛び回っていた。**訪れた土地で何かおいしい食べ物や酒類などに出会うと、普段から世話になっている人や、普段は往き来のない田舎の親戚に送る**のである。頻繁に顔を合わせている私に対しても、ときどき送ってきていた。

そのために、見知らぬ土地の名産を味わう機会を与えられると同時に、叔父の私および私の家族に対する温かい気持ちを感じることができた。

今は亡き私の母も、そのような叔父の習慣の恩恵に浴していた。田舎で独り暮らしている年寄りにとっては、弟からの贈り物は、姉を思っている弟の心情を伝えると同時に、弟が元気で働いているという朗報をもたらすものでもあった。

普段からの感謝の念や、安否を気遣っているという気持ちを表す手段に、日本では中元や歳暮という慣習がある。これは儀礼的になっているだけに、気持ちの伝わり方にも温かさが多少欠ける点は否めない。そのうえ、同じ時期に数多く受け取るので、多くの贈り物の中の一つに過ぎず、それだけに感慨も薄い。

ところが、**自分が旅先で見つけたものを送るという行為には、受け取る側としては思いがけなさがあるので、感動の大きさが違ってくる。**

忙しい旅先で、わざわざ買って送るという作業をしてくれたという点も考えるので、さらに感謝の気持ちが強くなる。さらに、相手が自分自身で味わっておいしかったので送ってくれたことがわかるので、お互いの間に「一緒に味わう」という雰囲気ができる。一種の「共感」の世界である。

また、中元や歳暮の場合は、遠く離れた親戚同士の間では、一方が贈れば、それに対して「お返し」をするというかたちになることが多い。

しかし、旅先からの贈り物であれば、儀礼的ではなく心情的なものであるから、もらった側の感謝の度合いが大きく、それだけにお返しを考える「余地」はない。

25

「ケチる」くらいならお礼なんてしないほうがマシ！

人に何かをしてもらったらお礼をする。相手のしてくれた努力、費やした労力と時間、それにその結果ならびに効果など、さまざまな要素を考えたうえで、それに相応するお礼をする。そのお礼は単に感謝の言葉だけの場合もあれば、それに贈り物が付随する場合もある。

感謝の気持ちを言葉だけで表すときも、電話一本で簡単にすませる場合から、丁重な手紙を書く場合までといろいろある。

わざわざ出向いていってお礼を述べるときは、何か贈り物も持参するのが普通だ。社交的な場においては、手ぶらというのは感心できない。高価なものである必要はないが、何かを感謝の「しるし」として差し出すべきである。

感謝の気持ちの度合いが大きいときは、その気持ちを表す贈り物も、それなりのものになるのが自然だ。それには、相手がおかれている立場や自分の位置、それに相手と自分との関係などを考慮したうえで、相手の尽力にふさわしい価値のものにする。もちろん、自分の懐具合は無視できないので、無理をする必要はない。

ただ、お礼をするときに肝要なのは、ケチをしないことである。自分にできる限りで、適切な、というよりも、ずっと程度を超えるくらいのものにする。

話をわかりやすくするために、現金を包んでお礼をする場合を考えてみる。

特定の世話をしてもらったことに対して、常識的にふさわしい金額があるとする。その金額を包めば、世話をしたことに対してきちんと感謝している気持ちが伝わる。当たり前である。そのうちに忘れてしまう。

もし二倍の金額を包めば、それほどまでも感謝してくれているのかと驚く。極めて印象的なので、長く記憶に留まる。その二倍の金額がフルに効果を発揮するのである。

ケチをして、常識的な金額の半分にしたとすると、それほど感謝はしていないというメッセージが伝わる。包んだ金額もゼロに等しいというか、マイナスの効果しかもたらさない。せっかくの金が死んでしまうのだ。

なお、相手が金持ちの場合、金を贈っても喜ばないだろうと考える人がいるが、それは大間違いだ。金持ちは金を大切にして貯めこんだからこそ、金持ちになったのである。金をもらって喜ぶ程度は、金持ちのほうが大であることを忘れてはならない。

26

「親切な人」と「押しつけがましい人」――どこが違う？

ある年老いた父親が、パーティーの席上で自分の着ているスーツの裾を握り、目に涙を浮かべながら話してくれた。「このスーツは息子が誂《あつら》えてくれたのです。お父さん、僕のいつもの洋服屋でつくるのだが、着てくれるか、と息子がいってくれたのです」というのである。

その父は地方公務員の薄給の中から、一人の息子と二人の娘を育て上げた。その息子は向こう見ずのところがあって心配の種であったが、その性格も幸いしてか、事業を興し成功した。律儀な父はぜいたくを一切排しているので、息子がしてくれることでも、分に過ぎたことは受けつけようとしない。

そのような父の心情を思いやった息子の気持ちが、「着てくれるか」という言葉に込められている。頼みを聞いてほしいという懇願の姿勢である。つくってやるから着なさいという命令でもないし、押しつけようとする気は微塵《みじん》もない。恐る恐る相手の気持ちを尊重しながら、相手に「させてくれ」と依頼しているのである。

人に何か恩恵を施そうとするとき、相手が喜んで受けるのは当然である、と考えがちである。しかし、自分がよいことだと思っても、相手はそのように考えないかもしれない。価値観は人によって異なる点を常に忘れてはならない。それに、よいものでも押しつけたのでは、相手は反発する。

人に何かを受け取ってもらおうとすれば、それなりに礼を尽くしたアプローチの仕方をする必要がある。受け取ってもらいたいという自分の気持ちを、自分の希望ないしは願いとして相手に伝える。私の願いを聞いてください、と相手に頼みこむ考え方が必要である。

そのような謙虚な心構えで接していけば、心からなる優しさが染みとおらんばかりに、相手の心に伝わっていく。その深い思いやりの心と優しさが年老いた父の心を感動させるのである。親しい父親に対しても、礼を忘れず敬愛の念を持って相対する。素晴らしい親子関係である。

慈善をするときも、常にそのような姿勢を崩してはならない。人を助けるのだからといっても、それを押しつけてはいけない。

まず、相手が助けを求めているかどうかを確認する必要がある。相手の気持ちを傷つけないようにと配慮する。自分の気持ちを受けてください、と依頼をする姿勢でなくてはならない。そこまで徹底的に相手のことを考える必要がある。

27

相手の好き嫌いを知るだけで、こんなに変わってくる！

長年仲よく一緒に暮らしてきた夫婦は、お互いの好き嫌いがよくわかっている。妻が夫の嫌いな食べ物を食卓に供することはない。会社の出張や慰安旅行から帰ってくるとき、夫が買ってくる土産は、妻が好きなものに決まっている。もちろん、人の好き嫌いは徐々に変わっていくが、相手の好き嫌いの変化をいつのまにかお互いにわからなくなっていたら、夫婦間に亀裂が入っている証拠である。早急に修復に努めないと、破局を迎えることになる。

好き嫌いはその人の特徴であり、その人のアイデンティティーを確立する重要な要素の一つである。その人のライフスタイルを決めるためにも、重要な役割を果たしている。好き嫌いは、その人にとっては、曲げることのできない主義主張と同じようなものである。人が何といおうと、軽々しく変えるわけにはいかない。したがって、好き嫌いを知れば、その人のことがよくわかる。**人と仲よくなる秘訣の一つは、その人の好き嫌いについてよく知り、覚えておくことだ。**好きな食べ物やにおいも嫌だという料理、好みの酒と飲める酒の量などを知っておくと、食事の場での会話も弾む。

身につけるものについては、普段からよく観察していれば、好みの傾向は見当がつく。色の好き嫌いについては、会話の端々に出てくるのですぐわかる。政治や経済の動向についての話をすれば、その人の考え方や好みの流れを推測することができる。

相手の好き嫌いに対して、すべて話を合わせたり迎合した行動をする必要はない。それはへつらいであり、逆に人品骨柄《じんぴんこつがら》いやしい人として疎まれる結果になる。相手の好き嫌いを覚えていて、機会あるごとにさりげなく話題の端に乗せるのである。もちろん、相手が自分の弱点だと思っている部分については、否定的なかたちで話の中にさっと入れるくらいに留める。

自分の好き嫌いを覚えてくれているのは、自分にかなりの関心があるという証拠である。一人の独立した人間として認めてくれているのだ。自分に関心を持っていて好意的な人に対しては、自分も興味を持つ。興味は好感につながっていくので、そこで緊密な人間関係の発展が見られる。人間関係は常に相互的なものだ。人に関心を示せば関心を示され、好意を抱けば好意を抱かれる。もちろん、関心を示しても、それが「利」に基づいたものであれば、相手が関心を示すとは限らない。それは、人間的な関心から発したものではないので、純粋に人間と人間との交わりという意味の真の人間関係のカテゴリーには入らない。したがって、相互作用ははたらかないのである。

28

初対面でも会話が弾む「名刺代わりのプレゼント」

私のまったく知らない業界に関する仕事で、いろいろと手伝ってもらった人がいる。すでに定年退職して悠々自適の生活を送っていたが、昔勤めていた企業では、強力な労働組合を相手にタフな交渉をまとめてきた人だ。頑固で厳しい人であるが、その反面、義理人情に厚い浪花節《なにわぶし》的な人でもあるので、労働組合の人たちにも愛されていたという。

この人が何回か私の事務所に訪ねてきたのであるが、受付の若い女性とすぐに仲よくなって軽口をたたいている。それほど社交性のある人と思えなかったので、ちょっと意外な感じがした。

後から、受付の女性が、その人にこんなものをもらったといって、小さな外国の民芸品を見せてくれた。最近訪れた外国の地で買ったものだという。

受付の仕事は、猛烈に忙しくなるときもあるが、概してひまなときが多い。手持ち無沙汰であるからといっても、あまりよくは知らない訪問客と無駄話をするわけにはいかない。そんなときに、客から小さなものを渡される。価格的にもとるに足りないものであるのは明らかなので、受け取りを拒絶するのも失礼だ。それをもらえば、その小さなものを種に会話が発生する。

それを買った国のことや、外国旅行中に見聞きしたことなど、面白おかしく話してくれる。自分も行ったことのある国の場合は、話に花が咲く。いずれにしても、差し障りのない話題であり、しかも海の向こうの外国についての話であるから、多少は「夢」の要素もある。自然に笑顔を誘い出すような話の内容になる。

昔の、ものが不足している時代であれば、もらえば何でも喜んだ。しかし、これほどにものが溢れてくると、もらっても迷惑なものが多くなった。したがって、人にものを上げるときは、よく考えたうえでしなくてはならない。

人の好誼《こうぎ》を求めるとき、口先だけではそれほど印象的ではないが、一緒に何かものを差し出すと、その気持ちがさらによく伝わる。いわゆる「名刺代わり」であり、手みやげである。

しかも、そのものが話の種になるものであれば、お互いのコミュニケーションを促進する触媒の役目も果たす。小さなものでも、人間関係の突破口となり、自分の世界を広げていく効果は大きい。

29

部下の〝気持ち〟を動かす「自腹」の切り方

ちょっとした忙しい仕事が一段落すると、すぐに慰労会を計画する人がいる。皆、残業をしたり休日出勤までしたりして一所懸命に働いたので、その労に報いるために一席設けようというのである。お互いの苦労について話し合い、慰め合い、次の大きな仕事に備えて英気を養おうとする。楽しい集まりにしようというので、誰にも異論はない。

そのような上司の下で働く人たちは、よい上司といって喜ぶ。ほかの部署にいる人たちは、うちの上司は働かせるばかりで、慰労会などはしてくれない、といって羨ましがる。しかし、そのような会が頻繁に開かれるようになると、皆も疑問を抱き始める。

結局は、部下にこびへつらい、人気とりを狙った意図が見え隠れするからである。会の費用もすべて会社の経費で落としているのがわかれば、会社の負担で自分も飲み食いをしようと思っている、と考えられても仕方がない。ここで重要なのは頻度の問題である。

会社の費用で飲み食いするのがわかっても、部下の思うありがたみが減るわけではない。会をアレンジしてくれたことに対して、その気配りに対して感謝する。しかし、会社の金で飲み食いしたのであるから、感謝の念は無意識のうちに会社に対して向けられている。それだけ、その上司に対する感謝の気持ちは薄らいでいる。

客観的な観点から見れば、人の褌《ふんどし》で相撲をとっているのが明らかである。自分の金を出し惜しみ、人の金を利用しているのだ。そのようなやり方が習い性となれば、気のきく人というよりも、甘く軽薄な人としてのレッテルを貼られることになる。結局は人に見くびられる運命だ。

心から部下の労に報いようと思ったら、たまにでよいから、自腹を切って慰労会をしてみる。もちろん、高級な店でする必要はなく、自分ができる範囲内の予算に合った会の内容でよい。感謝の念が一〇〇パーセント自分に向けられるのは間違いない。

組織の中の一つの歯車としての自分に、皆が注目してくれる結果になる。そこから、人間と人間とのつきあいが始まっていく。**金は有効に使わなくてはならない。金の使い方一つで、生きた人間関係が形成されていく**のだ。

30

「いい情報を教えてくれた」相手をいちばん喜ばせる一言

友人が連れていってくれたレストランがよかった。それまで自分は行ったことがなかったばかりか、聞いたこともなかった。友人はかなり頻繁に行っているらしく、マネージャーやウェーターとも顔見知りである。その店を自分も利用したいと思ったらどうするか。もちろん、そこは会員制のクラブでもないし、町中で店を構えているわけだから、利用する場合は誰の紹介や許可を得る必要もないはずだ。

しかも、現在は情報があちこちを飛び交っている。新聞や雑誌、それにテレビなどでもさまざまなレストランが紹介されている。また、インターネットを利用して自分の好みの店を探すのも簡単だ。友人に頼らなくても、その店に出会ったかもしれない確率は、かなり高い。しかし、初めて教えてくれたのは友人であり、しかも連れていってくれたのである。その**好意に対しては、何らかのかたちで報いなくてはならない。**

ファインダーフィーというのがある。見つけた人の報酬という意味だが、金銭の貸借などの商取引の場合に、適当な相手を見つけてくれた人に支払う一種の斡旋手数料だ。見つけるというのは、後から見ると極めて容易なことに思えるが、もし見つけなかったら困った状況におかれたり楽しい思いができなかったりするという意味では、その価値は極めて大きい。

知ってしまえば誰にでもできることであるが、最初にするのは難しいという、コロンブスの卵のたとえと同じである。よいレストランを教えてくれたからといって、ファインダーフィーを払うというのは大げさすぎて非常識である。しかし、その考え方を忘れてはいけない。

そこで、**紹介されたレストランを自分で利用をするときは、友人に電話をして、そのレストランが素晴らしかったことに感謝の意を表明した後、自分も利用したい旨をいってみる。**婉曲なかたちで友人の了承を得るのだ。友人は相手が喜んでくれたことを再確認すると同時に、自分が「既得権」を持っていることを認めてくれたことに満足する。礼儀正しいマナーにも感心し、またよいところを紹介しようという気になる。

前もって了承を得る機会がなかったら、店に行った後で、報告というかたちをとってもよい。自分が利用するのを黙っていて、相手が次に店に行ってからそれを知ったときは、相手としては軽く「抜け駆け」をされた気分になり、多少なりとももの足りない感じを受ける。紹介した人に敬意を表しておく必要がある所以である。

31

人を引きつける本当の「謙虚さ」とは？

世の中は持ちつ持たれつである。自分一人で何とかやってきていると思っても、実際には多くの人たちに助けられている。身近にいる家族や会社の人たちだけではなく、知らない人たちにも、目に見えないところで、いろいろと支えられ助けられている。

そのように考えていくと、**自分に余裕があるときは、世のため人のために何かできることをする**べきである。余裕のある人が余裕のない人を助けるという構図は、人間社会のあるべき姿だ。この場合に注意すべきことは、「自分に余裕があるとき」という条件である。すなわち、**人がするからといって、見栄を張ってする必要はない。**

自分の周囲に自分が面倒を見なくてはならない人や事柄があるにもかかわらず、ほかの人を助けたりするのは問題である。助けを必要とする親や兄弟姉妹が身近にいても、それを捨て置いて、慈善活動に打ち込むような場合だ。完全に本末転倒であって、逆に人に対して多大な迷惑をかけている。まず自分自身の義務を先に果たすのが、社会に対する務めである。

やるべきことの優先順位を間違ってはならず、社会、特に自分の周囲にいる人たちと自分との結びつきと、その間のバランスを失しないようにする。外から見ると格好がついていても、内側が泥まみれになっていたのでは、自分の精神状態も不安定だ。身近から固めていく必要がある。自分の生活とバランスのとれていない慈善活動は、何かが不自然で、見ていても抵抗感がある。人の目を意識した慈善は、いやらしくささえ感じる。名誉的なものを求める慈善に至っては、まさに「偽善」というほかない。

例えば、災害があったときの救援基金の募金については、寄付した人の名前が新聞などに載る場合がある。そんなときは決まって募金をするが、街中での募金には一切応じないし、また近い親戚に困窮している者がいてもまったく無視するような人がいる。人を助けようとする意識が欠けている、といわざるをえない状態である。

したがって、慈善的な行為をするときは、不言実行を原則とすべきである。人にいい触らさないで、静かに深く潜行したかたちでする。そのほうが、人がどう考えるかについても気にする必要がないので、自分の心も平穏である。**よいことを隠していると、自分の心にも大いなる余裕が生じる。それは人柄の深みとなり、人はその深みの奥を知りたいと思い、心を引かれる結果になる。**慈善が何かの拍子に人に知られたときは、軽く単に肯定する。それは人の目には恥じらう風情と映り、さらに奥床しさを高めていく。

32

「面倒で割の合わない」幹事役の思わぬメリット

気の合った仲間同士で一緒に旅行をしたり食事をしたりするとき、日取りや場所その他細々とした内容などを、まず決めなくてはならない。皆が一堂に会しているときであったら、その場での話し合いで概略を決めることができる。そうでないときは、誰かが一人ひとりに連絡して、皆の都合や意向を聞くところから始めなくてはならない。

いずれにしても、実行段階では、誰か細かい段取りをつけて、スムーズな進行を図らなくてはならない。世話役ないしは幹事役と呼ばれる人が必要になってくるのである。

幹事になれば余分の労力も使わなくてはならないし、意外に時間もとられる。細かいこととはいいながら、連絡その他に対する出費もあるので、金銭的にも得をすることはない。ときには仲間同士の意見の食い違いなどについて、面倒な調整もしなくてはならない。したがって、一般的には幹事になるのを敬遠する向きが多い。

そこで、**幹事役を買って出る人は歓迎される。**もちろん、多少何でも差し出がましい傾向のある人に対しては、何となく皆が反対する気配になる。ほかの人を推薦したりして、その人を避けようとする。自分の我が強く出すぎて、独断専行の可能性を感じるからである。そのように敬遠される人は、過去に幹事をしたときに、「役得」をフルに享受したので、皆の不快感を買っているのだ。

幹事は参加する人全員が楽しめるように、公平さを心掛けなくてはならない。特に、自分の好みだけに従って計画を立てたり、特定のメンバーに有利な便宜を図ったりしたのでは、ほかの人たちに嫌がられる。私心を去って努める必要がある。

このように、幹事になれば、労ばかり多くて神経をすり減らす結果になるが、面倒を見た旅行や会合が成功裏に終われば、皆に感謝される。その充実感がこの上ない報酬である。そのうえ、**メンバーの一人ひとりとコミュニケーションをする機会が多いので、それだけ人とのかかわりあいが深くなる。**この点は、目には見えないが大きな収穫である。

特定のグループで「万年幹事」であると自他共に許すようになれば、一応は皆に認められていると思ってよい。好かれているかどうかはわからないが、嫌われていないことだけは確かである。

33

トイレや洗面所ではこんな気配り

トイレで自分がトイレットペーパーを使い果たしたときに、スペアとしておいてあるのをきちんと補充しておく人は、そうしないと気がすまない。自分がトイレに入ったとき、トイレットペーパーがすぐに使える状態になっていなかったら、不便な思いをするので、同じ思いをほかの人にさせたくないと考えるのだ。

洗面台で顔や手を洗ったときも、少なくとも台の中に水を流して、きれいにしておく。次に使う人が不快な思いをしないようにとの心遣いである。そのようにする人は、家庭においてであれ、仕事の場においてであれ、差別をすることはない。会社が雑居ビルの中にあって、ほかの会社の人と共同のトイレを使っている場合であっても、まったく同じである。

トイレの中をきちんときれいにしておくのは、掃除係の役目であるなどとは考えない。皆で協力してきれいに保とうと思っている。したがって、公共の施設の場合であっても、自分でできる限りはきれいにしておこうと努力する。それは癖になっているので、励行するに際して特別の努力をする必要はない。逆にそうしないと気持ちがすっきりしない、という状況になっているのである。

「情けは人のためならず」という言葉がある。人に思いやりの心をもってすれば、相手のためになるだけではなく、いつかは巡り巡って自分自身に返ってくる。よいことをすれば、結果的には自分のためにもなる、ということである。

人間の社会は、低い次元で一部分を抜き出してみれば、我がちに自己の利益を追求したほうが得であるように見える。勝ち逃げができるようでもある。

しかし、社会の中にいる以上、「お互いさま」の世界から逃れることはできない。長い目で全体を眺め渡してみれば、自分たちのしたことの結果は、自分たちに及んでいる。

人のことを考えれば、人も自分のことを考えてくれる。ちょっとした努力や心掛けでできる小さなことで、人が喜ぶと思うことがあれば、習慣づけてしてみる。人に好感を与えれば、人も真似をする。そのようにして、徐々にではあるが、よい習慣は連鎖反応を起こして広まっていくはずだ。そのような住みやすい世界を夢みるだけでも楽しくなる。

34

「どうぞ」「お先に」の効果

「どうぞ」といって人に先を譲り、譲られたら、「お先に」といって先に行く。このような譲り合いの場面は、見知らぬ者同士の間ではあまり見られなくなった。膨大な量の情報が個人の上に覆いかぶさってくるので、その流れに翻弄《ほんろう》されて、皆が忙しく走り回るようになった。予定を立て、それをこなそうとして一所懸命になる。人にどうぞといって先を譲っていたら、自分は前に一歩も進めなくなるのではないかという危惧がある。

しかし、忙中《ぼうちゅう》自ずから閑《かん》あり。忙しい忙しいといっていても、ときには時間に余裕のある場合がある。そのような場合に、人に先を譲る機会があったらそうしてみる。**特に相手が切羽詰まった状況におかれて、一分一秒を争っている気配が見てとれるときに先を譲れば、必ずその人の心を温かくするはずだ。**

それは、自分が持っている「余裕」を相手に贈呈したかたちになっている。相手は受け取った「余裕」をそのまま捨てることはない。どこかで誰かに「転贈呈」をする。殺伐とした傾向のある世の中に対して、多少の潤いにはなるのではないだろうか。

例えば、走っているタクシーを拾う場合である。雨が急に降り出したときなど、濡れたくないので、競ってタクシーを拾おうとする。そんなとき、自分が傘を持っていたとしたら、自分のほうに優先権があるような場合であっても、傘がない人に対しては先を譲るのである。それに対して感謝の言葉が発せられたら、自分は十分な報いを受けたも同然だ。先方も気分がよいだろうし、自分の気分も爽快である。

朝の始業時間寸前の場合にも、似たような状況が見られる。明らかに遅刻しそうなので急いでいる人がいる。目を血走らせてタクシーを探しているので、前から近くに立って待っている人も目には入らない。ないしは、目に入っていても、後先を考える余裕がない。そんなときは争わない。しかし、その人がタクシーに乗って走り始めるとき、先に乗せてくれた人を認めて会釈をするときがある。その会釈の中に、申し訳なさと感謝の入り交じった感情を見るときは、救われた思いがする。

常に人に先を譲る、というのは教訓であって、特に最近の都会生活の中にあっては、現実には実行不可能である。完全主義を人間関係に関して貫こうとするのは、不可能であると同時に、逆に人間関係にとってマイナスの結果となる。無理は長続きしないからである。**自分に余裕があるとき、人に先を譲ることを心掛ければ、それで十分だ。**

35

自分を印象づける「メッセージ」

「よろしくといっていました」といって、人から頼まれた好意の言葉を伝えると、「よろしくの言葉だけか」と質問をする皮肉屋の友人がいる。言葉を伝えるだけではなく、何か品物も一緒に送り届けるべきではないか、というのである。もちろん、ものが欲しいからいっているのではなく、口先だけのことづけではないかと、皮肉っぽく冗談をいっているだけだ。

この皮肉な表現の中にも一理がある。よろしくという言葉を伝えてほしいというのは、相手の人に対して十分に関心なり好意なりを抱いている証拠ではある。しかし、その関心ないしは好意の度合いがどのくらいかは、まったくわからない。単なる社交的なもので、心からのものではないかもしれない。

ところが、**「よろしく」の言葉と一緒に、何かものを送ったらどうであろうか。**目に見え手に触れることができるものがある。そこで相手の気持ちがより具体的なかたちになっている。「よろしく」を裏付ける証拠があるのだ。ものに気持ちが託されているので、メッセージを受け取る印象も鮮明である。

言葉だけの場合は、何かの用事のついでにいうだけであるから、そのうちに忘れてしまう。言葉はすぐに消えていくが、ものは残るので、それを見る機会があればそのたびに、「よろしく」のメッセージを思い起こすのである。

私にも経験がある。バンコクに住んでいた知人が、といってもちょっと見知っていただけの人であったが、バンコクを訪れた私の親しい友人に、よろしくの言葉と共に絹でできた写真立てをことづけた。別に高価なものではないが、きれいな色であったので、今でも覚えている。品物自体は、どこかの引き出しの中に埋没していて、ものとしての役には立っていないが、「よろしく」の気持ちを伝える効果は絶大であった。

よろしくという言葉に「お供」をつけてみる。相手と自分の関係などを考慮して、相手に失礼にならない程度のものに、伝えてほしい自分の気持ちのお供をさせるのである。自分が現在いる土地の絵はがきでもよいし、特産物のようなものでもよい。しかし、「子供騙し」はよくない。逆に、バカにしているのではないかと疑われ、反感を買う危険性がある。

ことづけるのは、必ずしもものである必要はない。**簡潔を旨としてしたためた手紙でもよい。**要領を得た内容を、気のきいた表現にしたものであれば、相手の心を十分に「直撃」することができる。

3章

「気がきく人」はここが違う！

——相手の心をつかむ25の気配り

36

人を待たせるとき――相手の〝イライラ〟を和らげる法

相対している人を怒らせようと思ったら、「ちょっと待ってください」といって、その前から姿を消し、「ちょっと」以上そのままにしておけばよい。ちょっとは待つことができるのであるが、それ以上どのくらい待てばよいかがわからないので、イライラして怒りの感情が湧いてくるのである。

待つという行為は極めて受動的なものである。他に影響されるのみで、自分の力で打開する余地がない。ただ「待つことをやめる」という選択肢があるだけで、それ以外にはなす術がない。

待ち時間が明確に決まっていて、それが守られる保証があるときは、ある程度は心を平静にして待つことができる。そのようなときでも、せっかちな性格の人はイライラして落ち着かないが。

どのくらい待てばよいのか、まったく見当がつかない状況におかれて、しかも自分に待つことをやめる選択肢がないときは、欲求不満はその極に達する。例えば、電車などの公共の乗り物に乗っていて、大きな事故の影響を受けたために電車が止まったままになったようなときである。閉じこめられた状態で、いつ、そこから脱出できるのかまったくわからない。

そんなときは、ちょっとでも新しい情報があれば、そのつど流したほうがよい。たとえ未確認情報であっても、未確認であることを断ったうえで、「らしい」というかたちで乗客に伝える。楽観的な人は、その情報をよい方向へと解釈して安心する。悲観的な人は、悪い方向へと解釈して、さらに心配する。しかし、いずれにしても、情報が与えられたので、それに基づいて自分で考えることができる。自分たちだけ何の情報もない状況におかれるので、苛立たしく感じるのである。

電話をかけて相手につないでもらうまでの間に待たされる場合も同様だ。「少々お待ちください」といわれるが、「少々」でない場合も多い。相手を探してくれているといわれれば、納得をして待つこともできる。そのようなときでも、「少々」の限度を超える時間が経過したときは、心が落ち着かなくなる。まだ見つからないという中間報告としての情報が与えられると、安心して待つことができる。

待たされる人がイライラするのは、情報不足だからである。待ち望んでいる事態や人に関する情報を時々刻々伝えれば、待っている人の心は多少なりとも安まるのだ。

37

名刺をもらったら――これが「人間関係の基本技術」

名前はその人をほかの人と区別する「しるし」であって、その人にとっては、かけがえのない大切な知的財産の一つだ。そこで、人の名前を扱うときは、細心の注意を払い慎重にしなくてはならない。名前をいうときには、正確を旨とする必要がある。つきあいの関係やその場の状況によっては、呼び捨てにすることもある。しかし、絶対に間違えてはならない。ほかの人の名前と混同するのはもってのほかだ。間違った字を書いたり、間違った発音をするのも、相手に対してこの上なく失礼になる。

私の苗字は山﨑と書く。山崎ではない。﨑と崎では一画違うので、姓名判断の世界では運勢が大きく変わってくる。ほかの人の不注意やずさんな姿勢によって、運命を大きく変えられるのは大迷惑というほかない。また、発音も「ヤマサキ」であって「ヤマザキ」ではない。濁点がないのとあるのとでは、言葉はまったく異なってくる。黄色のキン（金）に濁点をつければ、白色のギン（銀）となり、まったく別の物質になる。佐々木さんを「サザキ」さんと呼んだら、反感を持たれるはずだ。

ビジネスの場などで名刺をもらったら、ただ一瞥《いちべつ》するのではなく、詳細に見て、漢

字がそのまま正確に書けるように頭にたたきこむ。裏などにローマ字も書いてあるときは、それを見て読み方も正確に覚える。読み方がわからなかったり自信がないときは、その場で相手に聞けばよい。わからないことを率直に聞く真摯《しんし》な姿勢は、相手に好感を与えるはずである。

よく、顧客リスト用に名前とフリガナを書かされることがあるが、何かの文書を送ってくるときに、名前を間違った漢字で書いてくるところがある。そのずさんさはすべての面にわたると想像されるので、その企業の商品を買う気にはならない。客の名前も正確に書けないのでは、客を客とも思っていない、と決めつけられても仕方がないだろう。不正確な名前で呼ばれるよりは、「お客さま」などと一般的な呼称でいわれたほうがよい。テレビの公開番組で、人気歌手の名前を間違えていったばかりに、重要な仕事を失ったアナウンサーがいた。名前一つがいかに重要なものであるかを示す教訓として、心に刻みつけておくべき話だ。

人の名前を正確に覚えていないことは、その人に対する関心が薄いことを示している。例えば、仕事などで自分の生殺与奪《せいさつよだつ》の権を握っている人や心から慕っている人の名前を、間違えることはない。名前をきちんと呼んでくれた人は、自分を一人の人間として認め、敬意を払ってくれている人だ。信頼してつきあっても、裏切られない。

38

「悪いニュース」ほど直接伝える

悪いニュースは当の本人に直接伝えるのが大原則である。電話をかけたときに相手が外出中であったら、またかけ直すとか、場合によっては電話をくださいというメッセージを残すとかしなくてはならない。伝えようとする内容について、決して伝言をしてはいけない。

例えば、子供の就職について人から依頼されていたときを考えてみればよい。手は尽くしたのだが、うまくいかなかったときは、その事実を伝えることだけでも気が重い。しかし、よいニュースであれ悪いニュースであれ、できるだけ早く知らせるのが肝要だ。

勇気を奮い起こして電話をかけると、相手が不在だ。依頼を受けていた件は駄目でした、という伝言を残せば、本人に悪いニュースを伝えるという辛い気分から解放される。ついそうしたくなる気持ちは、ある程度は自然な感情であり理解できる。しかし、そうすれば、相手にさまざまな迷惑がかかる。

悪いニュースは人に知られたくないのが人情だ。仕事の場への電話であったら、電話に出た人は秘書であれ同じ部署の人であれ、いずれにしても第三者である。いわば、第三者に秘密を暴露するのと同じ結果だ。当人にとっては、不名誉とまではいかなくても、都合の悪いことであるのは間違いない。

伝言を伝える人の立場も、具合の悪いものになる。突如として、悪いニュースを伝えるメッセンジャーに無理やりさせられてしまったのだ。かかってきた電話をとったばかりに、不利益を被る結果になった。恨みがましい思いを抱いたとしても不思議はない。

関係のない第三者を巻き添えにしてはいけない。また、秘密の情報を勝手に押しつけておいて、秘密を守ってくれるのを期待するのも身勝手すぎる。

自分の責任は自分で遂行しなくてはならない。本人と連絡をつけて、自分から直接本人に伝える努力をする。いいにくいことであればあるほど、自分が直接に伝えなくてはならない。

悪いニュースを伝言すれば、その結果だけが相手の脳裏に強く刻みつけられるので、自分がしたせっかくの努力も相手に伝わらない。何もしてくれなかったのではないかと疑われても仕方がない。それに、うまくいかなかった度合いやことの経過なども説明しないので、相手の気持ちも釈然としない。

39

「本当の人柄」はこんなときに表れる！

新しく事務所に入ってきた人がいぶかっていた。ある先輩が廊下ですれ違っても、一顧だにしてくれないのだという。会釈をしても完全に無視するし、きちんと挨拶をしようと思っても、そのような行為は拒否する雰囲気である。お高くとまって人を寄せつけないようにしているのだろうか、それとも人を軽く見て威嚇《いかく》しようとしているのだろうか、というのである。

その先輩は極めて愛想の悪い人であることは間違いない。人懐っこく笑顔を見せて、人に対するようなタイプではない。昔、私たちがイギリス人に対して抱いていた、ちょっと暗いイメージどおりのイギリス人だ。典型的な女性に見られる優しさがなく、すべてぶっきらぼうな応対に終始する。

しかし、仕事を離れた場では、笑顔を見せて会話に応じることもできれば、人に対して積極的に話しかけ、話に花を咲かせることもできる。人の服装についてコメントするくらいの社交性もある。とはいっても、一般的には陰気な印象を与える女性であることは間違いない。

仕事はよくできるほうで、当然のことながら何にでも真面目に取り組む。よくいえば、集中力があるのだ。廊下を歩いているときでも、多分、仕事に関することを考えているのであろう。したがって、周囲のものは人も含めて目に入らないのだ。

そのような傾向は誰にでもある。忙しくなってくると、仕事に集中するので、ほかのことに目を向ける余裕がなくなってくる。人に邪魔されたくないと思うので、人からのはたらきかけに対して拒否的な反応をする。話しかけられても、うるさいとしか思わないので、ついぶっきらぼうになる。

無意識のうちに不機嫌な態度を示し、人からの一切のはたらきかけを妨げようとしているのである。そのような姿勢を打破するためには、**特に忙しいときなど、意識して笑顔で人に接する心掛けが必要である。忙しくしているのが明らかであっても、人が声をかけやすい雰囲気を醸し出す努力をしなくてはならない。**

声をかけられたら笑顔で反応する。手が離せない仕事であれば、その旨をいって後から連絡するようにいえばよい。一緒に仕事をしている人たちと、常に「団欒《だんらん》」を心掛ける必要がある。

40

「出欠の返事」は早ければ早いほどいい

ホテルの大宴会場で催される大々的なレセプションであれ、レストランで開かれる小規模な同窓会であれ、案内状の中では必ず出欠の返事を要請している。出席者の数を知ることは料理などの分量を決めるために必要不可欠である。返事をする期限を明示している場合もあれば、「できるだけ早めに」としている場合もあるが、いずれにしても、「折り返し」返事を出すのが原則だ。

案内状を出す側は、ぜひ出席してもらいたいと思っている。その熱意に対しては、まず万難を排して出席しようとする姿勢を示す必要がある。即座に出席の返事を出せば、喜んで参加するという気持ちがストレートに通じる。呼びかけに対して応じる呼吸がぴったりと合った状態だ。受け取った側がうれしく思うのは当然だ。

先約があるときは仕方がない。即座に欠席の返事をする必要がある。案内状を発送してからかなりの時日が経過した後で、「先約のため残念ながら」といった欠席の通知を受け取ることがある。ぎりぎりまで両天秤《りょうてんびん》にかけておいてから決めたのではないか、または「後約」のほうを優先させたのではないかなどと疑わざるをえない。慇懃無礼な対応であり、白々しい感じを受ける。

先の予定がよくわからないので、すぐに出欠の返事が出せないという人がいる。もちろん、未確定とはいえ、用事が入る気配が濃厚な場合がある。そのようなときは、返事の期限まで待ってから決めざるをえない。しかし、いずれにしても**先のことは未定である。絶対に参加したいと思ったら、すぐに出席の返事を出すのが、自分の気持ちに対しても自然である。**

出欠の返事を締切りのときまで留保するのは、ほかにもっと魅力的な催しや重要度の高い会が出てくるかもしれないので、できるだけ待ってみようとする姿勢である。出席してほしいという熱意に対して、ぜひ出席したいという熱意が示されていないことは間違いない。

親友の結婚披露宴の案内であったら、どうするか。一も二もなく、文字どおり万障を繰り合わせて予定に入れ、即刻出席の返事を出すはずだ。すべての案内に対して、このような真摯な対応の仕方が必要である。それには返事を出すスピードがポイントだ。

41

欠席の理由――「無難なもの」「避けたいもの」とは？

クラス会の幹事をしていた友人が、特定の友人についてこぼしていた。「彼の欠席の理由はいつも同じで、外国から大事な客がくるからというものだ」と。

大会社であれば、今時は海外とのビジネスも盛んで、外国からの客がくるのも日常茶飯事である。取り立てていうほどのものでもない。外国からの客は遠路はるばるやってくるので、それなりに重要度は高いかもしれないが、「欧米崇拝」はもう時代遅れではないか。そのような考え方が不満を漏らした友人の頭の中にあった。

欠席をする友人としては、外国との取引の先頭に立って仕事をしているという点を自慢したいという心理も混じっている。会社のビジネスにとって自分は必要不可欠の人材であるということもいいたい。

しかし、メッセージを受け取る側としては、学生時代を一緒に過ごした友人同士であるから、それぞれの仕事の世界で何をしているかについて、もちろん多大の興味はあるものの、第一義的な意味はない。同級生として会って旧交を温めようという点に焦点が当てられている。その視点から考えていきたいのだ。

したがって、欠席の理由にある「大事な」という言葉にも引っかかる。書いた本人の頭の中では、大事な客であるという意識だけであるかもしれない。しかし、欠席をするといわれた側から考えれば、クラス会よりも外国からの客のほうが「より大事」であるというニュアンスにも解釈できる。そのような点を不満に思っていたのだ。

会合の知らせに対して文書で出欠の返事を出すとき、特にクラス会のような親睦会の場合、欠席についてはその理由を書くのが常識である。その場合にまず銘記すべきは、**自慢たらしいことは絶対に書かないこと**である。事実であっても、自慢する結果になることであれば避けたほうが無難だ。

次は、**日程がかち合う別の会合について述べるとき、そのほうが重要である点をにおわせるような言葉を使わない**点である。欠席するのは、自分にとっての重要度が低いからである、といったニュアンスの文章にしないことだ。事実であれば、「先約があるので」といった欠席の理由は、平凡すぎるきらいはあるが無難である。自分の近況をつけ加えたりすれば、寸時くらいとはいえ出席したのと同じような効果もある。

42

「相手の誘い」を断った——後に引かない気配り

レセプションやパーティーのように大勢の人が参加する会であれ、友人同士の飲み会のような気軽な集まりであれ、招待されたり誘われたりしても参加できないときがある。先約があったり、急によんどころない用事ができたりする場合だ。

先約の会合と比べてみると、先約のほうをキャンセルしたいという気持ちにもなるが、先約は先約だ。より楽しそうな会合に出席するために、いったん出席するといった会への出席をキャンセルするのはルール違反である。軽々しく約束を破ったり変更したりするのは、信用を重んじる人のすべきことではない。

知人に、平気で次々と予定を変えていく人がいる。人と約束をしていても、自分にとっての重要度が少しでも高い用事が出てくると、即座にキャンセルしたり延期したりする。自分のスケジュールに縛られることなく、常にフレキシブルに対応する。そのつど、比較検討のうえで判断する。

極めて合理的であるが、それを知っている人たちは、彼の「予定は未定」であるといって、実行可能性がかなり低いものと考えている。

その代わり、自分との約束を人が変更してくれといってきても、嫌な顔ひとつしないで、唯々諾々《いいだくだく》として応じる。その点から考えれば、彼の場合は首尾一貫しているといってよい。ただ、信義を重んずるという観点からは、実際には、日時以外については約束を守る人であるにもかかわらず、多少「ズボラ」な人として見られている。

さて、せっかくの招きや誘いに出席しなかったら、それでその場は立ち消えになるのが普通だ。しかし、そのコミュニケーションのはたらきかけを、そのままで終わらせるのはもったいない。それを種にして燃え上がらせることを考えるべきだ。

その会が終わった後に、声をかけてくれた人に対して、その会の首尾について聞いてみるのである。それは自分が参加したくてもできなくて残念だったという気持ちを、再度表明する機会になる。

非常に興味があった点を強調して、会で特筆すべきことがあったかどうかなどを聞く。実際に出席はできなくても、ある程度の情報は知ることができる。

自分に強い関心があった点が相手に伝われば、次に同じような会があったときも、必ず声をかけてくれるはずだ。

43

「イラッ」ときたときの、ちょっとしたモノのいい方

頼んでおいた仕事がなかなか出来上がってこない。しかし、よく観察してみると、ほかにも多くの仕事を抱えこんでいるので、怠けているのではないこともわかる。それに、どうしても今、必要だという差し迫った緊急性もない仕事である。ただ、自分としては早く片づけたいと思っている。そこで、多少イライラしながら待つという羽目になっている。

そのような状況の下で、ようやく出来上がった仕事の成果が、目の前に置かれる。それまでに鬱積《うっせき》した気持ちがあるので、「やっと仕上げてくれたね」などと、ちょっと恨みがましいいい方をしたくなる。しかし、そういったのでは、待っていたという気持ちよりも、遅いではないかというニュアンスのほうが強い。

一所懸命に作業をした人にしてみれば、責められているような気にもなる。そこで、なぜ早くできなかったのかについて言い訳をしたりして、自分を防御する態勢になる。せっかくの努力に対して、皮肉っぽいいい方をすれば、ちょっとした対立関係が生じる結果にもなりかねない。

したがって、仕事が出来上がったという事実に対して、率直にポジティブな反応を示すべきである。すなわち、**「ありがとう」といったうえで、「大変だったね」とかつけ加えて労をねぎらう**のだ。そうすれば、相手も労が報われたと感じて、「遅くなって申し訳ありません」などと、相手の気持ちを察した会話ができる。

自分がイライラしていたという感情を相手にぶつけたのでは、相手も感情的になる。それよりも、一所懸命に努力したという相手の立場に立って考えたうえで口を開くのである。そうすれば、相手も自分の感情について思いを及ぼしてくれた発言をする。

このように、些細な言葉のやりとりの場合も、自分の感情をそのまま表明するか、相手の気持ちになって考えるかによって、状況はまったく異なってくる。

ネガティブな局面には目を向けないで、常にポジティブな方向に向けて考えていく。一息ついてそのように考えて口を開くだけで、人間関係の模様は明るい展開を見せる。お互いの心と心との間に、よどみのない交流が起こる。ほのぼのとした気持ちになり、楽しく仕事をしていこうとする気になるのである。

44

接待・飲み会——相手を「どの席」に座らせるか?

昔、ニューヨークで働き始めたばかりのころ、最高級といわれていたフランス料理店に連れていかれたことがある。

入口を入ったすぐのテーブルで、誰でも知っている有名な俳優が食事をしていた。連れの女性は飛び切りの美人で、入口の方向に向かって座っている。まだ早い時間で、店の中に客も少なく、奥まった席がいくつも空いているにもかかわらず、なぜ入口に近い席なのか疑問に思った。

私を連れていってくれたアメリカ人が説明してくれた。入口に近いほうがよい席であり、その理由は、多くの人に見られるからであるという。美人を連れてきているところを、皆に「見せびらかす」と同時に、女性は着ている洋服やアクセサリーなど、身につけているものも、これまた皆に見てもらうのだという。アメリカらしい考え方だと感心した記憶がある。

確かに、レストランに行く目的は「食べる」ことだけではなく、付帯的な目的がいろいろとある。たまには豪華な雰囲気に浸ってみたいとか、異なった景色を見てみたいとか、ウェーターにかしずかれてみたいとか、人により場合によりさまざまである。人を食事に連れていくときは、そのような点までも考慮に入れてレストランを選び、テーブルを選び、座り方を考えなくてはならない。

行ったことがある店であれば、どの席がよい席であるかわかっているので、予約のときに前もって指定しておく。店によっては、よい席と悪い席では雰囲気などに雲泥の差がある場合があるから、看過できないポイントである。

次に、座り方であるが、よい席のほうを人にすすめるのは当然だ。料理だけでなく景色も売り物の店であれば、いちばんよい景色が見える席に相手を座らせる。異なった椅子が置いてある場合は、座り心地のよいほうに座ってもらう。

複数の客を接待するときは、男性と女性が交互になるようにしたり、寡黙な人の近くには話を引き出すのが上手な人を配したりする。

自分が皆の席を見渡せるところに座って、いろいろと食事の進行中に気を配ることができるようにするのも、当然の心構えである。

気のおけない仲間との食事の場合は、くじ引きで席を決めるのも、公平感を徹底できると同時に、意外性を楽しむ結果をもたらす。

45

「接待され上手」な人は、〝ここ〟に気を使っている！

高級レストランでの食事に招待され、「どうぞ何でもお好きなものを注文してください」といわれる。しかし、メニューを見ながらも、相手の懐具合を考えざるをえない。どのくらいの予算を考えているのかがわかれば、料理を選択する目処《めど》も立てやすい。その点に関する情報を得るためには、相手にどの料理をすすめるのかを聞いてみればよい。

そのすすめ方によって、相手の考えている価格帯や料理の品数について、おおよその見当がつく。その範囲内で選んで注文していけばよい。

何をすすめるかを、ウェーターなど店の人に直接聞くのは、多少の危険が伴う。売り上げを上げようと思って、高価なものをすすめる可能性もあるからだ。店の人に聞く場合でも、ホストを介して聞くのが一応の原則である。

「何でもお好きなもの」といわれたからといって、いちばん高い料理を注文するのは、マナー違反であるといわざるをえない。**高いものではなく、相手の推測予算内で、自分の「好きなもの」を選ぶのが礼に適《かな》っている。**

桁外れに高い料理を注文したいと思って、ホストに対して、注文してよいかどうかを聞いたりする人がいるが、これもよくない。聞かれた相手としては、「いいですよ」といわざるをえない。拒否したら接待する意味が半減するどころか、マイナス効果を生じる結果になるからである。

また、**遠慮をしすぎて、最低の価格帯の料理ばかり選ぶのも、相手の好意に反する。**客に喜んでもらおうと思って接待しているのであるから、度を過ぎた遠慮は、「親しくなりたくない」という意思表示と受け取られる可能性がある。

ごちそうをしようと思っている側は、それなりの出費を覚悟していて、客に満足してもらうことを目標にしている。その意図に対して報いるには、自分がその食事の場を十分に楽しもうとする姿勢が必要である。自分が勝手に遠慮をしたために、楽しみが半減した結果になったとすれば、せっかくのコミュニケーションの場の意義が薄れてしまう。

接待される側も、相手の意図を十分に汲みとり、常に節度をわきまえながら対応していく必要がある。「上手に接待される方法」を考えながら、その場を楽しもうとする努力をしなくてはならない。

46

「外での食事」をもっと楽しくするために

人と一緒に外で食事をしようとするとき、どこでするかを決める過程も楽しみの一つである。場所が決まって席についたら、洋食の場合であれば、食前酒を飲みながら、どの料理にするかを選ぶのが次の楽しみだ。

一般的に、何かを選ぼうとするとき、その目的は選んだものを享受する点にある。しかし、その目的へ向かってまっしぐらに突進したのでは、人生の楽しみの多くの部分を見失ってしまう。人生は過程にもある点を忘れてはいけない。目的へ向かっていく途中の経過にも注目して、それを楽しもうとする余裕が必要だ。それができれば、たとえ目指した目的が達成できなかった場合でも、失望落胆のあまり絶望的になることはない。過程に目を向ける姿勢を保つことは、人生を全うするうえでの有用な知恵の一つである。

料理を選ぶときも、その過程を十分に楽しむのが、成熟した大人のやり方である。メニューを見ながら、栄養のバランス、自分にふさわしい量、好み、予算などさまざまな要因を考えに入れて選ぶ。一緒に食事をする人が選ぶ料理との兼ね合いも無視できない。じっくりと考えながら、また、必要があれば、一緒にいる人と情報の交換をしたり店の人に質問をしたりして、決めていくのである。

メニューをさっと見てさっと決めるのは、味気なさすぎる。飢えをしのぐために食べるという雰囲気が漂い、動物的である。もっと「食」を文化の一つとして扱おうとする姿勢が必要である。メニューを見て楽しんで選んでいくという風情がなくてはならない。

しかし、**料理の選択に時間をかけすぎるのもよくない。**ほかの人は皆決めているのに、一人だけなかなか決まらない人がいる。メニューのあちこちに目をやり、そのたびに自分の選択基準が揺れ動いていくので、どれにするかが決まらないのである。混乱が混乱を招く状態になっている。料理を選ぶ手順をわきまえていないからである。フランス料理やイタリア料理の場合であれば、まずメインとなる料理を決めるのがコツだ。後はそれに従って、バランスよくほかの料理を選んでいけばよい。

ほかの人と一緒に食事をするのは、自分の食欲を満足させるという利己的な行為であってはならない。皆と人間同士としての交流を図りながら楽しいひとときを享受するという姿勢を忘れてはならない。

47

突然の来客——ついおろそかにしがちな「礼儀の基本」

訪問してきた客に対して、上着を着ないでワイシャツとネクタイだけという身なりで応対する人がいる。急に無理やり押しかけてきた押し売りに対してであればともかく、会う約束をしたうえでわざわざ訪ねてきた人に対して、それでは失礼だ。

それは相手が目下の人であれ、ビジネス上で劣位な立場の人であれ同じことだ。一般的には、ビジネスの社会でも「カジュアル化」の傾向があり、ラフな身なりが許される場面もある。しかし、ワイシャツにネクタイを締めたうえにスーツを着るのが服装の標準となっている環境では、それに従わなくてはならない。

ワイシャツとネクタイは、いわば下着と考える。外部の人に「下着」姿で会うのが礼を失しているのは、誰にでもわかる道理だ。デスクワークのときは、周囲の人は「内部」の人たちであるから、その格好でも、「作業着」と考えて許してもらえる。

訪問客と会うときは、きちんと上着を着る。やむをえない状況でそれができないときは、必ず「失礼します」といって、相手の許しを得る必要がある。また、暑い日で冷房がよくきいていないようなときであれば、それを理由にして、客にも上着をとるようにすすめてみる。

これから客と一緒にする交渉なり作業なりが長くなると予想されるときは、上着を脱ぐことを提案してもよいが、それをいい出すのは自分の役目である点を銘記する。

原則として、客はそのような提案をすることができない。客のほうから暑いというのは、室内の温度のコントロールが悪いといって、相手をなじることにもなりかねない。細かいことだが、感情の機微に触れる部分でもあるので、無神経ではいけない。

客を受け入れる側は、室内の温度や明るさ、それに直射日光が入ってくるときはブラインドの調節など、話し合いの場の環境整備に万全を期す。会合の成否にもかかわる重要な点である。

上着の着用に関しては、高級レストランなどでは、それを客に強制しているところもある。フォーマルという雰囲気を醸し出して高級感を演出しようとしている。そのような服装規定はなくても、ある程度以上の格のある店では、上着を脱いではならない。仲間同士の食事の場合でも、店の雰囲気を保つため、またほかの客の気分を害しないためにも、必要なマナーである。

上着を脱ぐかどうかについては、常に自分の周囲の人たちのことも考えてからにする。そのような繊細な状況判断が的確にできる人には、「洗練」という言葉が似合う。

48

例えば「上着の扱い方」でも……

前にも書いたが、私とそれほど年の離れていない叔父で、紳士服のデザイナーをしているのがいた。型紙をつくり、裁断をしてから縫い上げるまで、すべて独りでできる腕を持っていたので、デザインや工場指導専門の会社をつくってからも、注文服の職人を抱えて、特定の客に対する「洋服屋」の仕事もしていた。

一九五〇年代後半の大学時代、そのころは学生は学生服という時代であったが、私はその叔父がつくってくれたスーツを着て、大学や遊び場を闊歩《かっぽ》していた。私がニューヨークでファッションの勉強をしたのも、その叔父の影響によるところが大きい。

叔父は紳士服をこよなく愛していた。だから、**他人の洋服であれ自分のであれ、また商品である既製服であれ、常に丁寧に扱っていた。まるで「こわれもの」を扱うように、そっと手を触れていくのである。**仮縫いをするとき、客の上着やズボンを脱がせると、一つずつ丁寧にハンガーにかけておく。客の事務所に行って利用できるハンガーがないときは、きちんと客に断ったうえで、ソファーの背の上などにそっともたれかけるようにしておく。

仮縫いもスムーズに進行する。叔父がいうとおりに客もうなずき、異議も出ない。仕立て上がったスーツを届けて、客に試着をしてもらうときも同様だ。肩から背にかけてもぴったりとフィットし、袖や上着の長さも問題ないなどといって、ポイントを一つずつ客と一緒に確認していく。客はご満悦の体で、何の問題も起こらない。しかし、叔父が海外出張などのときに、客に洋服を早く届けてほしいといわれ、叔父の助手が届けにいくと、うまくいかない。襟のところがちょっと浮いているとか、ほとんど気分の問題としかいいようのない点が問題にされて、直す羽目になる。

助手もかなりの経験を積んだ人で、言葉遣いも丁重で、洋服の扱いなども慎重にする。見たところは叔父と同じようにしているにもかかわらず、客にクレームをつけられる。それは洋服に対する愛着の気持ちが助手のほうには少ないからである。その違いが、同じように丁寧に扱っているにもかかわらず、扱い方の微妙な違いとなって表れる。それが客に感知され、ちょっとした不信感へとつながっていくのである。

実際には、客は細かいところまではわからない。信頼できる人が納める商品は信用する。製品に愛着を持っている人の製品であれば、まず間違いないと思う。**かたちだけ丁寧にしても、扱っているものを心から大切にしなかったら、本心はすぐ人に見破られてしまうのだ。**

49

大変な被害や苦痛に見舞われた人へ

かなり以前の話だが、私の故郷が大水害に見舞われた。父母の家も床上浸水で、かなりの被害を受けた。母が寝たきりの父を看病しているときであったので、とるものもとりあえず電車や車を乗り継いで田舎へ急行した。そこで十日間くらい、毎日十人以上の親戚や知人の献身的な協力の下で、何とか急場しのぎの後片づけを終えた。あれほどの肉体労働は、私にとって初めてにして多分、最後の経験となるはずだ。

そのときまでは、テレビのニュースで水害の様子を見ても、単なる同情をする程度であった。床上浸水の場面を見ても、多くの家財などが濡れただけで、大変なことは大変だが、それほどの被害という意識はなかった。しかし、自分がその災害の真っ只中にいる羽目になると、その被害意識や心痛は並大抵のものではない。

家の中から泥を運び出したり家具を洗って乾かしたりする作業も大変だが、新しい畳を確保するのも困難を極めた。数多くの家が同じようなものを必要としているので、すべてが物不足の状態になっている。米ぐらいは豊富に供給されても、野菜などは不足気味だ。電気などは数日のうちに使えるようになったが、冷蔵庫などの電化製品も買い換えるまで時間がかかった。

それに、電話が数日間まったく通じなかった。近所に一つある公衆電話の前に行列をして待たなければ、東京のわが家との連絡もままならなかった。まさに「陸の孤島」化していたのである。自分がそのような経験をした後は、ニュースで水害の場面を見ると、水害に遭った人々の苦労や痛々しい思いが、如実に実感できるようになった。

同病相憐むというが、同じ病気にかかっている者同士でないと、その苦しみは到底わかるものではない。人の苦痛に対して同情をするという気持ちを表明しても、同じ苦痛を味わった者でなければ、単に言葉や表情だけのものでしかない。相手の心を慰められるほどの力はない。その点をよく銘記すべきだ。

自分が経験したことのない種類の苦痛に耐えている人に対しては、くどくどと慰めの言葉をかけても、空々しく響くだけである。自分にその苦痛を取り除く力がない限りは、温かく見守る姿勢に徹して、相手が苦しみを克服したときに近づいていくほうが親切である。

50

病気見舞いの心得――相手を本当に元気づけるには

親しくしている人が病気や怪我で入院したり自宅療養をしたりすると、どのような具合なのか詳しく知りたいと思う。

人から伝え聞いただけでははっきりしない。やはり、本人の顔を見て話をしたほうが、病状や回復度もよくわかるので安心できる。特に入院が長引いたりするときは、外の世界の状況なども教えたりしながら、力づけをしたいと思う気持ちもある。

そこで見舞いに行きたいと思うのだが、**まず考えなくてはならないのは、相手が見舞ってもらって喜ぶかどうか**である。

自分が病気というハンディキャップを負った状態にあるところを見られるのは、この上なく嫌だという人もいる。もちろん面会謝絶という状況ではないまでも、病状が重いときは遠慮すべきである。特別な事情があって会いたいと思うときでも、家族の了承を取りつける必要がある。

要は、見舞いは決して自分の気休めであってはならず、相手が喜ぶかどうかに焦点を絞って考えることである。したがって、回復期を念のために病院で過ごしているような場合であれば、退屈を紛らすために、気のおけない友人の見舞いは歓迎されるはずだ。

しかし、そのような場合であっても、長居をしてはいけない。入院したり自宅療養をしなくてはならないということは、それだけ安静にしている時間が必要であることを示している。その点を忘れてはならない。したがって、病気見舞いの場合、**たとえ相手が引き留めようとしても、早々に切り上げるのが鉄則である。**相手がどんなに元気そうに見えても、病人は病人である。疲れさせてはならない。

また、見舞いには見舞いの「しるし」を持参するのが常識である。食事が制限されている場合は、食べ物を持っていくのは控えるべきだ。花は必ず喜ばれるはずであるが、入れておく花瓶があるかどうかも、よく考えてからにしなくてはならない。鉢物は「病気が根づく」といって嫌がる人がいるので、注意を要する。大病の場合は、芸がないが、実際には現金が適切かもしれない。

親密といえる間柄でない異性を見舞うときは、誰か知っている異性を伴っていったほうがよい。相手が寝ているところに行くわけだから、恥ずかしい思いをさせないようにする心遣いが必要だ。

51

どんなときでも「周囲に気を使える人」

人間の目は前にしかついていないので、前しか見えない。後ろを見るためには、振り向かなくてはならない。しかし、前に見えるものに熱中してくると、振り向く時間も余裕もなくなってくる。そこで、後ろでは何が起こっているか、まったくわからなくなる。

前を向きながら後ろの状況を知るためには、自分の経験と知識を駆使して、想像を巡らせ推測する以外には方法がない。後ろの人はどんな状態におかれているか、何を考えているか、どのようにしてほしいと思っているかなどと、推し量っていかなくてはならない。その推測は難しくない。自分の前に人がいるときの自分の状態、それに自分の考えや希望に思いを及ぼせばよい。後ろの人はそれとまったく同じ状態で、同じことを考え望んでいる。

舞台芸術の鑑賞の場合を考えてみる。自分の前に座っている人の頭が邪魔になって、よく見えないことがある。言語道断というべきは帽子である。どんなに小さなものであっても、帽子は御法度《ごはっと》である点は銘記すべきだ。欧米のマナーによれば、女性は昼間の場合、室内でも帽子をとらなくてよいというルールがあるが、それでも劇場では例外で、後ろの人の迷惑になるので、脱がなくてはいけないことになっている。

次に、身を乗り出している人がいると、後ろにいる者の視界は狭くなる。椅子に身体を沈めるようにして、深く腰掛けるべきである。座高がすごく高い人がいるが、プロクルステスのベッドの話と同じように、頭を切ってもらうわけにはいかない。これも少し深めに腰掛けてもらうと、ある程度は状況が改善される。

舞台の人の動きにつれて、頭をあちこちと動かす人も迷惑だ。もちろん、クライマックスの場面などを見たいのは当然だが、普通は舞台上の人物が動いてくれるので、ちょっと待っていれば、自分の視界にも舞台上の動きは入ってくる。前の人が頭を左に動かすと、その後ろにいる人は見えなくなるので、左か右に動かし、さらにその後ろにいる人も頭を動かす。忙しい連鎖反応を起こしていき、息つくひまもなくなる。「待てば海路の日和あり」と鷹揚に構えて座っているべきである。

恋人同士が寄り添っているのは、横から見ればほほえましいが、その後ろに座っている人からは、視界を完全にさえぎるので、恨まれるだけだ。二人だけで借り切った劇場ではない点を忘れてはならない。後ろにいる人のことも考えてこそ、後ろの人も二人の前途を祝福してくれるはずだ。

52

こんな悪癖は「自分の評判」を台無しにする

以前働いていた事務所でのことである。ほかの仕事で二、三日東京にいなかったことがある。余分の部屋がまったくなかったので、ちょうどその間にアメリカから出張してきた女性が私の事務室を使っていた。自分の部屋を人が使うのは気分のよいことではないが、ほかに場所がないのであれば仕方がない。

しかし、帰ってきて自分の事務室に入ったとき、唖然《あぜん》とした。その乱雑になっている様子は、まさに落花狼藉《らっかろうぜき》という表現がぴったりであった。

机の上に置いてある電話や時計などの位置は乱れ放題で、ボールペンや鉛筆が数本投げ出されたままである。消しゴムのカスは散らかしっ放しになっていて、飲みさしの清涼飲料水の缶も置かれたままである。サイドデスクに置いてあるパソコンのキーボードの上には、プリントアウトしたが不用となったらしい書類が置いてある。

憤然とした気持ちを相手にぶつけようと思ったが、相手はもう東京にいない。仕事のよくできる女性であったが、幻滅を感じた。身近で一緒に仕事をしたことがなかったので、そんなにだらしのない人だとは思いもよらなかった。

使ったものは元どおりにするのが原則である。それは自分のものである場合もそうだが、人のものである場合は、特に細心の神経を使って元どおりにしておく必要がある。否、よりきれいにしてから返すのが、礼に適ったやり方だ。

何かの拍子に人のハンカチを借りたときなど、きれいに洗濯をしアイロンをかけて返す。これが正しい返し方である。

茶道で茶室に入る前、蹲《つくばい》の上に置いてある柄杓《ひしゃく》で水を汲んで、手や口をきれいにする。そのときの柄杓は、最も機能的で美しいと思われる位置およびかたちに置かれている。したがって、使う前に柄杓が置かれている様相をよく観察し観賞したうえで、手にとって使い、元どおりの位置に元どおりのかたちに置かなくてはならない。

たとえ茶道の心得がない人でも、ものを丁寧に使う習慣のある人は、知らず知らずのうちに、元のとおりにきれいに置いている。招いた側の心遣いを十分に汲みとり、それに自分も応えようとしている点が、極めて象徴的に表れてきている。仕事の場であれ、そのほかの生活の場であれ、使ったら元どおりにしておくのは、人と人との根本的な約束事である。

53

いい「信頼関係」をつくるいちばん簡単な方法

仕事の場でも家庭の場でも、昨今は皆、予定を立て、それに従って動いている。予定どおりにいったとしても、嫌なことであれば辛い思いをする。しかし、嫌なことでも予定していた場合はそれなりの覚悟をしているので、ストレスを感じる度合いは小さい。

予定どおりにできなかったときは、単に自分の気持ちがすっきりしないだけではなく、そのためにさまざまな不都合が生じているので、イライラがつのってくる。

もちろん、予定になかったことでも、思いがけなく楽しいことであれば、誰でも大歓迎をする。しかしそのような場合でも、大幅に時間を要する結果になれば、ちょっとしたとまどいを覚える。

特に仕事の場では、予定どおりに進行するのがベストだ。飛び入りの仕事や行事が入ると、それだけ予定していた仕事をする計画が狂ってしまう。余分のエネルギーを使って処理する必要が生じる。

しかし、次から次へと入ってくるのが仕事だ。それに対して適宜に対応していかなくてはならない。情勢の変化などで緊急な用事ができたとき、即座に取りかからなくてはならないし、それに対して抵抗は感じない。

ところが、急用であっても、誰かが勝手に予定を変えたり、ルーズにしていて仕事を留めていたりしたために急にする必要が生じたときは、不満を抑えられない。ほかの人の恣意で自分の予定が狂わされたと思うからである。

仕事の場では、関連した仕事をしている者同士の仕事の段取りは、上司、同僚、部下などの立場には関係なく、密接に絡まり合っている。人の予定の変更は、自分の予定に対しても影響を与える。自分が予定を変更すれば、周囲の人の予定を狂わせる可能性もある。人には、ひそかに考えているもろもろの段取りがあるのだ。

そこで、**周囲の人に対しては、自分の予定について、できるだけの情報を与えておくべきだ**。手短に話しておいてもよいし、パソコンの自分のスケジュール表に細かい予定まで入れて、人が見られるようにしておいてもかまわない。

小さな心掛けであるが、人の予定まで気を配っていく姿勢である。お互いの予定に関する情報を共有するのは、仲間意識の高揚に対して大きく貢献する。自分をさらけ出しているからである。

54

グループづきあいで絶対にやってはいけないこと

少人数のグループがあって、ときどき集まって一緒に食事をしたり、小旅行をしたりして仲よくしている。その中の一人に、ともすると、自分の友人をグループに誘いこもうとする人がいる。自分が場所を手配した食事の会などの場合には、誰にも断らないで、勝手に自分の友人を連れてきたりすることもある。

急に参加した人も、グループの皆と同じ学校の出身であるとか、少なくとも共通の話題を持っているとか、その背景に関しては関連のある人である。したがって、単なる食事会では、ほかの人が多少の違和感を感じたとしても何らの支障もなかった。

ところが、一泊旅行の際にも、皆の知らない人を連れてきた。

メンバーの二、三人にはその旨を予《あらかじ》め伝えていたが、ほかの人はまったく知らされていなかった。悪いことに、初めて参加した人は、極めて自己主張の強い人で、さまざまな話題について話したが、そのことごとくで、自説をとうとうとまくしたてるのである。

夕食後、さらに酒を飲みながらの席は、まさに古代ギリシア風の「シンポジウム」

になる。話題は政治、経済、社会の問題点から哲学的なことに至るまでと、皆、口角泡を飛ばして議論をする。しかし、通常はお互いについて長所も短所も熟知している間柄であるから、侃々諤々《かんかんがくがく》の議論になっても、けんか状態にはならない。和気藹々《あいあい》とした雰囲気が崩れることはない。

しかし、背景をよく知らない人が入っていて、その人が、メンバーの一人にとっては聖域ともいうべき領域の話について、自説を曲げようとしないで、執拗に主張を繰り返した。酒に酔っていた勢いもあったからであるが、そこで二人の間で、取っ組み合いにならんばかりのけんかが始まったのである。

翌朝は、お互いに紳士らしく振る舞ってはいたが、大きなしこりが残った。ほかの仲間も、何となく気まずい思いを抱く結果になった。

仲のよいグループに新しい仲間を入れようとするときは、その人について熟知したうえで、全員一致で決する必要がある。

現在はきちんとバランスがとれている平和なグループに異分子を入れれば、「揺れ」が起こる。それがプラスになるものかどうかを、よく見極める必要がある。メンバーの一人ひとりの気持ちを尊重し、それに従うべきである。

55

こんな小さな「売名行為」を他人は敏感に見ている！

組織の中で半公式的に集まって食事をしようとするとき、幹事役の人がレストランなどの予約の手配をする。幹事役は自ら名乗り出ることもあれば、リーダー格の人が指名して依頼することもある。日時の確定や場所の選定などについて、リーダーと相談したり、ほかの人の意見を聞いたりした後で、レストランと連絡をとる。

レストランとの連絡の窓口は、もちろん、その幹事役の人であるが、予約をする人の名前は、組織の名称にリーダーの名前をつけ加えたものでなくてはならない。

ところが、予約をする人として、自分の名前をいう幹事役がいる。これは、明らかに「売名行為」である。ちょっとした見栄に基づいて、自分の名前を前面に押し出そうとする意識がはたらいている。

予約をする名義の人は、その食事の席について、いざとなると全面的に責任を負わなくてはならない人である。勘定の支払いについても、組織の金を使う場合であれ自分のポケットマネーを使う場合であれ、最終的に判断して決断を下せる人でなくてはならない。したがって、**予約をする場合には、最終の責任者であるリーダーの名前を**

いうべきである。

レストラン側としては、グループの客がくるときは、まず誰がそのグループをまとめている人かを見極め、その人に焦点を合わせてサービスをしていく。客商売としては当然の行動様式である。

予約をするときに、自分は単なる幹事役ないしは連絡係であるにもかかわらず、自分名義の予約にするのは、自分に与えられた役目と権限を逸脱している。明らかな「越権行為」でもある。

このような売名行為や越権行為の程度は大したことはなく、実際に不都合が起こることも目に見えない程度でしかない。しかし、それを小耳にはさんだ人たちは、その「出しゃばり」を敏感に感じとる。小さなことだけに、なおさら「ずるさ」も目につくのである。

もちろん、皆が同列の仲間同士で一緒に食事をするようなときは、レストランなどの外部に対する限りでは、幹事役が全責任を負わなくてはならないので、自分の名義で予約をするのは当然だ。

自分が全責任者でもないときに、自分の名前を立てるので、人は売名のにおいを感じとるのである。実際の最終責任者の名前を立てることを忘れてはならない。

56

懇親会を成功させるための「ちょっとした方法」

接待の食事の場などでは、客を上座や見晴らしのよい席につかせるのは、誰でもしていることである。ところが、同僚同士や友人同士になると、途端に早い者勝ちで、自分の好きな席を「分捕《ぶんど》る」人も少なくない。

公共の場では、予約のシステムが適用されていない限り、先着順、すなわち早い者勝ちが原則である。それが最もわかりやすく公平な方式である。そうでなかったら、争いが起こり秩序は保たれなくなる。順番を待つために列をなすという慣例の意味がなくなり、混乱が起こる。

しかし、**知っている者同士の間では、先着順が必ずしも公平な結果になるとは限らない。その集まりの目的に従って、そのつど公平な扱い方を考えなくてはならない。**目上の人とか新入りとか、然るべき人に、よい席を譲るということも必要だ。よい席を確保して、少しでもいい思いをしようとする意思が見え見えであれば、利己的な人であると決めつけられても仕方がない。

私が指導をしている勉強会がある。メンバーは大学生から還暦を過ぎた人までと幅が広いので、お互いのコミュニケーションを図るべく、頻繁に懇親会を開いている。常時二、三十人集まるのだが、そのままにしておくと、勢力グループがよい席を確保して固まる傾向がある。皆が交じり合って意見交換をして親交を図るのが主な目的であるから、仲よしグループが固まるのでは意味が少なくなる。また、力がある者がよい席についたのでは不公平である。

席の譲り合いや、よく知らない人との交じり合いなどをすすめたのであるが、なかなかうまくいかない。何となく近づきにくい人と一緒になりたくないのも人情だ。そこで、最近は、私も含め全員がくじを引いて席を決めることにした。個人の利己的な意思が介入しないようにしたのだ。

メンバー同士が広く親しくなるという目的は、くじ引き方式を採用することによって、よりよく達成される結果にはなった。しかし、人間関係の勉強の場としてみれば、後退である。譲り合いの精神を実践する場としての機会を潰してしまったからである。

一つの場で二つも三つもの効果を狙うのは、私の欲張りという利己的な心であるかもしれない。二兎を追う者は一兎をも得ずである。まず、最も重要な目的の達成を図り、現在の状況を過渡期と捉えて、将来に期するほかないであろう。

57

「距離をおく」というはげまし方もある

ある女性から聞いた話だが、最近はつきあいが途絶えていた友人の夫が亡くなったという。もちろん、通夜の席に駆けつけていったのはいうまでもない。長い間会っていなかった友人は、以前よりはずっとやせたようだ。長い間の看病のために疲れ切った様子で、そのうえに悲嘆に暮れているので、見るのも痛ましい。

そこで、初七日も終わりしばらく経ったころ、さみしくしているだろうと思って、まず慰めようとして電話をした。訪ねていって会って話もしようと思っていたのだが、その電話は思いがけなくも「放っといてくれ」というひどい言葉の応酬を受ける結果となった。

友人を思って電話をした人の気持ちに、何らの邪心はない。夫を失った悲しさを少しでも和らげてあげられれば、と素直に思っていた。しかし、相手にとっては、単にかわいそうに思われている点だけが、強く響いたのである。すなわち、狭い意味の「同情」を感じて、拒絶反応を起こしたのである。

そのように心と心がすれ違った一つの理由は、長い間二人の間に交流がなかった点である。情報交換がなされていないので、お互いに相手のおかれている状況がわからなくなっていた。**お互いの足場がわかったうえで、調整して共通の足場をつくる。そこで初めて、コミュニケーションが噛み合う**のだ。

友人に同情した人の心の中には、無意識のうちに、懐かしさの要素がふくれ上がっていた。その自分の気持ちに乗って、相手に接していった。相手の心は悲嘆でいっぱいだ。したがって、「共感」の部分がほとんどなかったといってよい。

相手としては、悲しんでいる最中に、自分の心の中に勝手に侵入してこようとした、と感じたのである。夫婦ともに元気で生活している人には、配偶者を失った悲しみはわからない。「同情」した気持ちを表明してもらっただけでは、絵に描いた餅でしかない。夫を生き返らせてくれるのであれば話は別だが、口で同情してくれるのは、悲しみを増幅させる結果になっている。

悲しいときは、気を紛らすことができればよい。それができなければ、独り悲しみにふけるほうが、逆に気持ちが安まる。早く諦める気持ちになれるからである。周囲の人としては、常に一定の距離をおいて、「当たらず障らず」フレキシブルに対応するほうがよい。

58

人前で「騒ぐ人」――周りはこう見ている！

列車や航空機に乗っていて、周囲に騒がしい団体客がいたために、迷惑な思いをした経験は誰にもあるはずだ。会社関係の慰安旅行であれ仲間同士の親睦旅行であれ、列車の場合であれば、発車と同時に酒盛りが始まる。つまみや弁当が皆に配られ、入り乱れての差しつ差されつの宴会だ。

酔うほどに声も大きくなって賑やかさも増し、鉦《かね》や太鼓こそないが、まさにどんちゃん騒ぎの様相を呈してくる。皆が楽しみにしていた旅行であろうし、仕事や普段の拘束された状態から解き放たれて、うれしさに気持ちが高ぶっているのであろうと推察できる。

もちろん、車両を借り切っていると思っているのではないが、楽しさに狂っている状態なので、グループ以外の人たちが周囲で迷惑を被っているところまでは考える余裕がない。自分たち以外にも、同じ権利を持った客がいる点に考えが及ばないのである。

しかし、**よく考えてみると、自分も大なり小なり同じようなことを、さまざまな場**

所や場合にしていることに気がつく。まさに、人のふり見て我がふり直せ、である。他人の言動の悪いところを見て、自分の言動を反省し、直していかなくてはならない。

そのためには、そのような騒ぎの場に遭遇したら、その機会を利用して、細かく観察してみるとよい。騒がしいから読もうと思った本も読めなくて迷惑などと考えないで、騒ぎ立てている人たちの言動を、冷静な目で見ながら分析してみる。その人たちの間の人間関係も推測がつくし、普段のライフスタイルも想像できる。入場料を払わないでライブの劇を見ているようなもので、興味は尽きない。

当人たちが面白がって話している内容も、周囲の第三者から見れば、まったく笑いの対象にもならないくらいの馬鹿げたことでしかない。騒ぐために騒いでいるという状態である。その点について、自分が群れをなしているときに、同じような心理状態にあることに思い至れば、自分への戒めに役立つ。

列車の中に限らず、レストランやエレベーターの中などで仲間が大勢いるときは、つい我が物顔に振る舞っているのではないか、と反省してみる。

群れをなして大声でしゃべり立てるのは、「多勢を頼む群鴉《むれがらす》」の一人である証拠であり、個性を埋没させる行為でもある。**群れの中で泰然自若《たいぜんじじゃく》として、群れをたしなめるくらいの人にならなくてはいけない。**

59

大事な人に会う前に、心掛けたいこんなひと工夫

仕事の場であれ遊びの場であれ、どんな場合でも、人に会う前は、誰でもちょっとした緊張感を味わう。自分の顔は汚れてはいないだろうか、身なりが乱れてはいないだろうかと、自分自身を点検する。鏡がある場合は、必ず自分を映してみて、相手に与える印象が最善になるようにと神経を使う。

人は身なりではなく、大切なのは心であり実力であるから、格好など関係ないといっている男性でも、鏡の前でネクタイの歪みを直そうとする。相手に不快感を与えてはいけないという配慮からである。人にマイナスの印象を与えたくない、好かれたいという気持ちからだ。

茶道では茶室に入る前に、きれいな水をたたえている蹲で、手を洗い、口をすすぐ。神社にお参りをするときと同じである。それは、自分にまつわりついている汚《けが》れを振り払って、身も心も清らかな状態にしてから、茶道の世界に臨むという姿勢である。

茶道という純粋な世界に入り、人々と心と心をつき合わせて交流するためには、雑念があってはならない。水という物質を利用して、心の汚れまでも流し去るのである。

この「清める」という行為は、何かに向かっていこうとするとき、非常に効果的である。心も新たにし、気持ちを引き締め、謙虚な心構えにする効用がある。

普通は清浄な水が使える状態にあることはない。しかし、洗面所の水は使える。そこで、**人に会う前に、心を込めて手を洗ってみる。身も心も清めるつもりで、象徴的に手を洗う**のだ。

そうすれば、人に相対するときの態度にも、自然に気迫が満ちてくる。相手に敬意を表しストレートに交渉しようとする気持ちが、相手にも伝わる。単に手を洗うという単純な行為であるが、「清める」という気持ちを込めることによって、心構えがまったく異なり、それが態度にも表れるのである。

人を訪問するときであれば、自分の会社を出る前に手を洗う。相手の会社の洗面所の場所を知っているときは、少し早めに着いて、そこで手を洗う。人が訪問してくるときは、その五分前に手を洗いにいく。

顔と手は人の目につく。物理的にも汚かったら、人に不潔感を与えるので、いずれにしても、きれいに保つのは、人とつきあううえで極めて重要である。

60

自分が正しいときほど「一歩譲れないか」と考えてみる

常に相手の身になって考えるべきだ、という点は誰でも知っている。しかし、自分に明々白々たる権利がある場合は、ともするとその点を忘れがちになる。例えば、信号が青になって横断歩道を渡るときだ。青である限りは、ゆっくり歩こうと、ちょっと立ち止まって人と話をしていようと、一〇〇パーセントの権利がある。

しかし、**権利があるからといっても、それをむやみやたらに行使するのは人情に反する。**権利を獲得するまでは、主張すべきことはすべて大いに主張すべきである。いったん権利を手にしたら、その上にあぐらをかいてはいけない。濫用をしないようにと、常に自分を戒める必要がある。自分の権利の行使のために、不便な目に遭う人のことを考えるのだ。

すなわち、横断歩道を渡る場合であれば、自分が歩いた後から左折する車のことである。歩行者に優先権があるので、皆が渡り終わるまでは、車は待たなくてはならない。横断するのが自分独りだけのとき、悠然と歩くと、車に乗っている人の気持ちは、多少であれイライラする。さっさと渡ってくれれば、すぐに車を走らせることができるのに、と思う。そんなとき、歩行者がちょっとでも急ぐ気配を見せてくれれば、それだけで運転している人、ないしは車に乗っている人の心は和む。

もちろん、歩行者がちょっと急いで歩いてくれて、そのために車を早く発進させることができたとしても、実際に早くなった時間は、とるに足りない単位のものである。一分一秒を気にしながら働いている人にとっても、無視できるくらいの時間だ。

気持ちの問題である。自分が早く走りたいという気持ちを察してくれて、それを満足させる方向に向かって行動を開始してくれたのがうれしい。人間同士で仲よく生きていこうとする共通の意識が伝わってくる。相手の心の中に余裕があるのが感じられて、それが自分の心にも余裕を生みだす。

車と人とが道路上で交わるのは、日常茶飯事である。それだけに、その接点においてお互いが相手のことを考えれば、そこで人間の温かい感情の交流がスムーズに行われ、それが大きな流れになる可能性も高い。そうなると、この世ももっと住みやすくなるのではないか。

とにかく、自分に明白な権利があるときは、それを十分に享受すると同時に、自分の周囲を見回してみる。自分がちょっとした努力をするだけで、その人たちが喜ぶことはないかと考えてみる。**権利の「おすそ分け」を心掛ける**のである。

4章

「嫌い」を「好き」に変える！

——「その人」と親しくなるための19の心理術

61

相手の「ひそかな自慢」をほめる

人は誰でも注意深く観察してみると、ほかの人とは異なった特徴となる点がいくつかある。本人の肉体的な特徴にも、生まれつきのものと自分でつくり上げたものとがある。ものの考え方や行動様式についても、それなりに首尾一貫していて、そのうちのいくつかは独自性が目立つ。

身につけているものについては、文字どおり千差万別だ。物質文明が隆盛を極めている現在は、さまざまに「差別化」された物品が溢れている。いわゆる既製品を利用することによっても、個性の発揮をかなりの程度に主張することが可能だ。オリジナルな雰囲気が演出できる。

この点に関連して有名な話がある。ある世界的に有名な女優が、パリのオートクチュールでドレスをつくってもらった。それを誇らしげに着てパーティーに出席したところ、別の女性がまったく同じドレスを着ていた。「オリジナル」であるはずだ、といって女優は憤慨したという。

しかし、オリジナルというのは、目新しく独創的であるということであって、必ずしも一つしかないという意味ではない。運が悪いときは、そのようにかち合うことはありうる。

閑話休題、**相対している相手に特徴的な点を努力して見つけ出し、それを指摘してポジティブなコメントをしてみる。**珍しいといったり、ほめたり、感心したりするのである。そのようにして人に認めてもらったら、うれしいものだ。

ほかの人と比べてちょっとでも変わったことであれば、本人としては心ひそかに得意に思っていることである。自分の「好み」であり、自分にとっては後生大事にしていることである。ほかの人にとってはとるに足りないことでも、自分にとっては、この上なく思い入れの深いことだ。

誇張していえば、自分の人生の重要な一部である。

しかしながら、自分のほうから進んで人にいうわけにはいかない。自慢したいことは、自分からいったのでは、価値が半減どころか、まったくゼロになる。やはり人から指摘されてから、おもむろに口を開いて説明するという風情がよい。

自分のこだわっている点を見つけることによって、それを公にする機会を与えてくれた人に対して、好感を抱かざるをえない。

62

わざと相談を持ちかける

どうすればよいかわからなかったり悩んだりしているときは、誰かに相談に乗ってもらいたいと思う。もちろん内容にもよりけりだが、まず親しい人を相談相手に選ぶのが普通である。自分に関する情報も十分に持っていて、自分のためを思った助言をしてくれるであろうと期待できるからだ。

相談をする相手は自分の親しい人なのである。その命題に基づいて考えていくと、それほど親しくない人に対しても、相談を仕掛けていけば、親しくなれるチャンスがあることがわかる。

相手が異性であれ同性であれ、もっと親しくなりたいと思っていたら、何か相談を持ちかけてみる。

あまり唐突にしたのでは、不自然すぎて相手にも警戒される。まず、相手が得意な分野とか経験が豊富な領域を探り出しておく。そのような点に関連して相談するのであれば、それほど不自然ではない。相手もすんなりと応じることができるはずだ。

相談をされた側にしてみれば、複数の人の中から選ばれ、自分が信頼されていることを知り、うれしくなる。自分にアプローチしてきた相手は、大勢の中の単なる一人ではなく、「特別な人」として浮かび上がってくる。性格的にそりが合わないとか言動に抵抗があるとか特別に障害となる要素がない限り、親しく思う気持ちが湧き上がってくる。

人に頼られたら、その信頼に応えるため誠意を持って対応しようとするのが人間だ。自分にできる限りの助言をしようと全力を尽くす。その努力に対して、相談をした側は大いに感謝をする。そのようにして、お互いの間に心と心の交流が行われる。すなわち親しくなるのである。

相談をするときは、その内容について背景の説明などをしなくてはならない。したがって、ある程度は自分の個人的な情報を漏らさなくてはならない羽目にもなる。そのような状況も親しさを助長する。

自分が関心を抱いている相手に対して、出し抜けに自己紹介をしたのでは、変わった人間という印象を与えるだけだ。近づこうと思ったにもかかわらず、遠ざけられる結果になる可能性のほうが高い。しかし、**相談をするというかたちで自己紹介をすれば、相手も抵抗なく受け入れてくれる。**スムーズに「お近づき」になれるのである。

63

「ときにはバカになれる人」

才気煥発《さいきかんぱつ》で非の打ちどころがない。すべてきぱきと片づけ、緊急事態が起こっても慌てないで適切に処理する。身につけているものも常に清潔で、きれいにコーディネートされている。人に対する態度も礼儀正しく、典型的な紳士である。人懐っこい笑顔を絶やさないようにして人に接していて、偉ぶってもいない。にもかかわらず、人は何となく近寄りがたく感じている。

完全な雰囲気があるので、人を寄せつけないのである。皆、自分たちは常に間違いを犯す不完全な人間であると思っている。したがって、完全に近い人間である人の世界は別世界であって、そこに踏みこむことは許されないと勝手に考えている。お互いの間に、目に見えない「死線」のような一線が画されているのである。

ところが、その優秀な人が、まったく初歩的なとんでもない過ちを犯した。例えば、企画書をつくるときに、資料にある米ドル単位を日本円と取り違えて考え、桁違いの計算に基づいて論理を展開するような場合である。ちょっと考えれば、誰でもすぐ気がつく間違いだ。それまでの仕事ぶりを見ている人たちにとっては考えられない、仰天すべきことである。「あの人でもこんな間違いをするのだ」という感慨は、初めは驚きの要素が多いが、次第に親近感へと移行していく。「自分たちとまったく同じ種類の人間だ」という意識である。

この点に、**人が仲よくなるときのヒント**がある。すなわち、常に完全を目指して努力をするという姿勢は必要であるが、そのような緊張を、ときには解き放してみる。故意に間違いを犯す必要はないし、積極的にバカな自分を演出する必要もない。しかし、受動的な立場におかれたときに、バカになってみるのである。

例えば、自分がよく知らないことや不得意な分野のことに関して新たにプロジェクトの展開をするというような場合に、無理をしてあらかじめ勉強したり準備をしたりしない。一から十まで人から教えてもらう姿勢に徹する。まったくの無知だから、的はずれの質問をしたり、人に笑われるような発言をしたりするかもしれない。それだけに、皆が親切に細かいことまで教えてくれる。そこで、同じ高さの床に立った人と人とのつきあいが可能になる。厳しい死線のように人との間を隔てていた垣根が取り払われてしまったのである。

いつも構えていたのでは、人が入ってくるスキがない。バカになってスキをつくれば、人が近寄ってきてくれる。親しみやすい雰囲気が醸成されているからである。

64

「押しても駄目なら引いてみろ」を応用すると？

グループになってつきあっている人たちの中に、異性で気になる人、好感を抱いている人がいる。ちょっとぐらいは気を引くようなことをしてみるのだが、グループの中ですることであるから、特別な意味には解釈してくれない。何とか自分のほうに目を向けさせることはできないか。

グループとしてスムーズに機能し、安定しているということは、グループ内の人間関係が、膠着《こうちゃく》状態にあるということだ。個人としては自由に動けなくなっている。一人が積極的なはたらきかけをすればグループの調和が乱れるので、それはできない。

そんなときは、消極的なかたちでのはたらきかけをするとよい。たとえ消極的であれ、グループの中で異質の動きになるので、自分を「差別化」する結果になる。したがって、相手の注目を引き、関心を抱かせることができる。例えば、**そっけない態度をとるとか、機嫌の悪い様子をするとかしてみる。**食事の会などで大いに盛り上がり、次は二次会に行こうという話になる。そんなときに、自分の気になる人が誘ってくれる機会があったら、ちょっとすねるようなかたちで拒否してみるのだ。自分だけを誘うのではなく、皆一緒にいこうというのが不満だという気持ちを込めてみる。その気持ちを解してもらえなくても、相手はどうしたのだろうか、何が不満なのだろうかと疑問に思うので、興味をかき立てる結果になる。

押しても駄目なら引いてみろ、といわれている。押しよりも引きのほうが効果的な場合が多い。人は追いかけられると逃げる習性がある。その原理を応用して、追いかけさせるために、まず逃げてみるのだ。もちろん、追いつけないようなスピードで逃げたのでは、相手は諦めてしまう。手の届く距離をおいて逃げるのがコツである。

押しや引きの問題は、簡単な物理の原理である。押せば、その空気の圧力で対象物は遠くへいく。引けば、そこの空気がなくなって真空状態になるので、対象物は近くにくる。すなわち、自分のほうに人を寄せつけようと思ったら、自分の周囲を「空」にして真空状態にすればよい。人と人のつきあいのうえで、重要なポイントである。

そのようなテクニックを使うのは、真実一路を標榜する人たちにとっては、不真面目と映るかもしれない。しかし、人生がそれで楽しくなり、人に迷惑をかけない限りは、大いに利用すべきだろう。**いわゆる「恋の駆け引き」は恋の楽しさを倍増させる。広く人生についても、まったく同じことがいえる。**人生を楽しくするためのテクニックは大いに利用すべきだ。

65

タイミングよく話し方を変えてみる！

初めて会ったときは、礼儀正しく挨拶をし、言葉遣いも丁重で敬語も使う。だんだん親しくなるにつれて、すべてにおいて丁重さが少しずつなくなってくる。異性間の場合で恋人同士になれば、相手に対する気遣いはさらに厚くなっていくものの、話し方は直接的になり、その分だけ言葉遣いもぞんざいなニュアンスを帯びてくる。

すなわち、非常に親しい間柄では、多少は乱暴な口のきき方も許されている。しかも、それは極めて自然である。周囲にいる第三者の目から見れば、丁重な言葉を選んで話をしているカップルは、まだあまり親密ではない間柄と判断される。逆に、かなり乱暴なもののいい方をしているカップルを見れば、その親密度はかなり進んでいると判断するのである。

その点に注目して、**親密度を一気に高めるために、わざと荒っぽい話し方をするのも、ときには効果的だ。**普通であったら、会うたび、話をするたびに、お互いに少しずつ近寄ってお互いを観察し、そのうえで徐々に親しくなっていく。その過程の進行のスピードを速めるために、言葉遣いを加速度的に変えていくのである。

その話し方の変化に対して、相手は瞬間的にとまどいを覚えるはずだ。しかし、それほどの抵抗もなく、変化をスムーズに受け入れてくれたときは、親密度の加速化が成功したと考えればよい。相手が好意を持ってくれていた場合は、大体において問題なく進行するはずだ。

もちろん、わざと乱暴な口をきき始めるタイミングの見極めには慎重を要する。相手か自分に何か目立つことが起こった瞬間などがよい。**例えば、皆で一緒に歩いているとき、相手が段差に気づかず、転びそうになったような場合**だ。とっさのときであるから、言葉遣いが乱暴でも、それほどの違和感はない。相手も馴れなれしくされたと考える余裕もない。そのような瞬間を狙って、口のきき方を変えてみるのだ。

何事もなく時が平らに流れているときに、突如として打ち解けた態度で乱暴な口のきき方をすれば、口には出さないまでも「馴れなれしい人」として警戒される。自然に起こったことであれ、相手がしたことであれ、「異常事態」が発生したときに限るべきである。

タイミングよく話しかけ方を変えることによって、人の心と心を隔てていた障壁を一瞬にして取り除くのだ。それができれば、積極的なプラスの印象を与えるので、皆からも好感をもって迎えられる。人情の機微を心得た人である。

66

「ビジネス」と「社交」——うそとホンネの使い分け

社交的な場では、初めて会った人と話すとき、当たり障りのないことをいう。相手がどのような人物かがわからないので、すべて角が立たないように、その場の雰囲気を穏やかに保っていこうとする配慮である。論争になるような話題になっても、突っこんだ話はしない。差し障りがあることになったのでは、友好的なムードが壊れてしまうからである。したがって、相手が自分の意見とは異なる考え方を述べても、適当に相づちを打っている。まさに「社交的」に振る舞っているのである。

ある意味では、「うそ」だらけの会話といってよい。人と人とのつきあいの中で、うそは必要不可欠な潤滑油の役目を果たしている。しかし、**うそをつくときは、真実を歪曲するのであるから、それだけ神経を使わなくてはならない。疲れる結果になる**ことは間違いない。

パーティーやレセプションなど社交的な行事に出席するのを極度に嫌がる人がいる。心にもないことをいったり、同調したくないことにもうなずいたり、話したくもない人と話す羽目になったりして、そのたびに神経を使い、疲れ切ってしまうからだ。そのように考えていくと、社交性に乏しい人は、うそをつくのが苦手な「正直すぎる」人だといってよい。

それが正しいことは、そのように社交的なことの嫌いな人が、ビジネスの場ではすすんで人と会い、率先して交渉の先頭に立つことを好む点を見ればよくわかる。ビジネスの場は社交の場と異なり、ホンネの世界である。ビジネスの世界における主な目標の一つは「利」であり、それを測る尺度は極めて客観的だ。交渉をするときの駆け引きには、多少のうそも入ってくる場合もあるが、大体はすべてビジネスライクに進めていくことができる。うそが少ないから、神経が疲れないのである。

いずれにしても、うそをつくのは疲れる。だから、長くつきあっていこうと思えば、うそをできるだけ排除する必要がある。**仲よくなるスピードは、ホンネをぶつけ合う頻度に比例する。**腹を割って話せば話すだけ、お互いの間の心の隔てがなくなり、お互いの理解が進む。

真意を告げたために仲が悪くなったとしても、それは仕方がない。共感する部分が少ない者同士であるから、早晩仲違いする運命であった。悪いことは早くわかったほうがよい。

67

「ちょっと面白い自分」を手軽に演出する

何でもおいしそうに食べる。食欲旺盛で、見るからに健康だ。本人もまったく好き嫌いがないという。一緒に食事をすると、誰もが楽しいひとときを過ごすことができる好青年である。しかし、何となくちょっともの足りない感じがする。すべてがスムーズすぎて面白くないのだ。

そのような人は、多少嫌いな食べ物があっても、積極的に食べようと努力する。その姿勢を常に続けていくので、そのうちに好きになってしまう。

明るくすべてに肯定的に立ち向かう態度に対して、人は常に好感を抱いて反応する。その反面、明るさばかりで、引っかかるところがまったくない八方美人的なところが、その人の魅力を平板なものにもする。

人の心を強く引きつけ、鮮明な印象を与えるためには、コントラストの要素が必要だ。明るい部分に対して対照的な暗い部分が混じっていて初めて、明るい部分がより一層目立ってくる。したがって、自分の「明」の部分をより印象的に打ち出そうと思ったら、「暗」の部分を演出してみるとよい。**暗い影はマイナスのイメージがあるが、**

逆によく見えないだけに神秘的で、それだけ人の興味をそそる魅力の根源になる。

食べ物の場合であれば、一つか二つ、あまり好きではないものを、自分の嫌いなものにしてしまうのである。極端ないい方をすれば、好き嫌いがまったくない場合は、無理やりに嫌いなものをつくってしまうのだ。「あれだけはどうしても苦手だ」などといって、首を振ってみせる。何でも好きというのは、何も特別に好きなものがないというのと、あまり変わらない。

また、色についても、自分の嫌いな色を決めておく。誰にでも好みの色はある。しかし、大嫌いな色があるという人には、あまりお目にかかったことがない。そこで、大嫌いな色があるといえば、自分をかなり鮮明に印象づける効果があるはずだ。

好き嫌いについて自然に任せず、ときには意識的に操作してみる。自分のライフスタイルをメリハリのあるものに「創作」していくのだ。ほかの人にとっても、そのほうが面白い。

将来のどこかの時点で、自分が意識的につくり上げた好き嫌いを、やむをえない事情のために変える羽目になるかもしれない。そのときは、無理をして固執する必要はなく、柔軟に対処すればよい。人にはイメージチェンジのためだといえば、誰でも納得してくれる。

68

「好きだ」という気持ちをスマートに伝える

一目惚れというのがある。

周囲の人たちから見れば、一時的な感覚に従って好きだとか嫌いだとかいうのは、浅はかな了見であると考える。しかし、本人にとっては、自分の全神経を集中した直感によるものであるから、間違いのない判断である。

人間は社会の一員として教育されていくうちに、理性をはたらかせて考えるようになるが、まだ動物の部分が残っているところは多々ある。特に好悪については、論理的な説明ができないだけに、動物的本能や直感に従う結果になるのは当然だ。

たとえ後から考えてもっともらしい分析をしたとしても、何らの意味もない。

いずれにしても、**好きだと思ったら、すでに配偶者がいるなどの障害がない限りは、その感情には忠実に従うべきである。**すなわち、「恋の火種」を燃やし続け、「炎」の段階にまでつなげていく。「鉄は熱いうちに打て」である。

自分の感情が燃え上がっていく好機を逸してはならない。自分の感情も放置しておけば、時間の経過とともに萎えていく。燃え続けるように努力していく必要がある。

自分が好きだと思った相手に対して、それなりのちょっとした「特別」の接し方をすれば、そのメッセージは相手にも伝わる。相手も動物的直感を備えているので、敏感に感じとるのである。

相手から返ってくる反応が肯定的ないしは積極的なものであれば、お互いの気持ちの回線がつながったと思ってよい。コミュニケーションがしやすくなった状態である。その回線を使って相手にはたらきかけていき、徐々に二人の間の距離を縮めていくのだ。「徐々に」というのがキーワードであるが、単にスピードを緩めるという意味ではなく、一つずつ段階を経ていけばスピーディーになってもかまわない。唐突に一足飛びというのは駄目だといっているのである。

周囲の人たちの目には「快速」だと見えても、本人同士の気持ちの交換がきちんと段階を踏んでいるときは、安定した進行になっている。お互いのタイミングがきちんと合っているので不安感はない。

人間の感情は常に相互的なものである。**自分が相手のことを深く考えれば、相手も自分のことを大切にしてくれる。相手を信じ続ければ、相手も自分を信じ続けてくれる。**

69

さりげなく「好意」を伝えたいとき

好意を抱いている異性がいても、何らの意思表示もしないでいたのでは、いたずらに時間が経過してしまい、何らの進展も見ることができない。まず、相手の気持ちを「探査」してから、どのようなはたらきかけをするのかについて、作戦を立てる必要がある。

もちろん、ストレートに食事などに誘ってみるという常道はあるが、相手によってはストレートすぎて、本能的に警戒心を起こさせる場合がある。

急いてはことを仕損ずる。よく相手を知ったうえで、相手に抵抗のないアプローチをしたほうがよい。

相手の気持ちに探りを入れるといっても、その言動自体が暗示を含んだものになっているので、敏感な相手であれば、すぐに誘いかけであると感じてくれる。

相手のことを夢に見たといってみる。好意の度合いが強ければ、実際にも夢に見るはずだ。夢という言葉には、空想的な願いという意味もあるが、まさにそのとおりで、願っていることが夢に現れる。

現実のちょっとした延長上にあることを夢に見た場合であれば、聞く相手にも抵抗はない。現実離れした内容の夢であっても、夢は夢として笑い飛ばすことができる。夢については多少の創作も許される。いずれにしても、異性に対する特別な感情、すなわち淡い恋心の場合は、夢かうつつか幻か、といった状態に近い。また、夢の内容を詳細に覚えていることもあまりない。多少の脚色を加えて話しても許されるのではないか。

ほかの人も含めて一緒に旅行をした夢を見たという場合、実際にもありうることで、夢の中に相手が出てきたということによって、相手に対して並々ならぬ関心がある点を伝えることができる。少なくとも「夢にまで見る」というメッセージは伝わる。

そのような話に対する相手の反応を見れば、相手の自分に対する関心の種類や度合いについて、見当をつけることができる。夢の内容を基礎にして、その夢の実現を目指していくことが可能だ。

このようなやり方は、人を騙そうとする手練手管《てれんてくだ》ではない。自分の気持ちを婉曲に伝えようとする手段の一つである。相手の気持ちをうかがいながら、円滑に関係をつくり上げていこうとする、よい意味の駆け引きであって、相手を楽しい気分にさせるものだ。

70

誕生日――「特別な気持ち」を伝えるチャンス！

昔から、人を喜ばせる方法の一つとして、その人の誕生日にカードを贈ったり、何かプレゼントを贈ったりするというのがある。親子や夫婦など親しい間柄では、かなり一般的に行われている習慣である。

特に欧米人の夫婦の場合は、相手の誕生日と結婚記念日は重要な日であり、忘れたりすると一大事ということになっている。祝って特別な食事をしてプレゼントをするのが当たり前になっている。

記念すべき日の優先順位は、人によっていろいろと異なっているかもしれないが、その中で自分の誕生日の優先順位が高いことは、まずは異論のないところだ。

小説の中などで不運な境遇にある主人公が、自分の呪われた運命を嘆き、その象徴としての誕生日を忌み嫌ったりすることがある。

しかし、現実の中では、自分の誕生日を嫌な日であるといって嫌っている人が自分の周囲にいることはない。

したがって、誕生日に対して祝意を表明すれば、必ず喜ばれる。陳腐になって気がきかないきらいはあるが、やはり人の誕生日を覚えておいて祝おうというのは、金科玉条の一つとしておいて実行すべきであろう。しかし、親しい人および世話になっている人に対してというのも重要なポイントである。

仕事上でちょっとつきあいがあるだけとか数回会っただけの知人とか、あまりよく知らない人たちに対して誕生日のカードを贈ったりするのはいきすぎだ。レストランなどで顧客カードに誕生日を記入すると、誕生日カードを毎年送ってくるが、そこには商業主義のにおいしかない。親しくない人へのカードも同様で、何か利を狙ったニュアンスが伝わるだけだ。

気になる異性に対するときは別だ。さらに親しくなろうと思ったら、まず誕生日のカードを贈ってみる。ちょっと「特別」な感情を持っていることが伝わる。**次に会ったときの相手の反応で、相手の自分に対する関心度などもわかる。相手の気持ちを探る一つの道具として使う**のである。

親密度が進むにつれて、誕生日の祝い方も異なってくる。知り合ったばかりであるにもかかわらず唐突にプレゼントしたりすれば、相手はとまどって拒否反応を起こしてしまう。徐々に足場を築きながら近づいていかなくてはならない。

71

忙しい人にも「会ってみるか」と思わせる「魔法の言葉」

時間に追われて忙しく仕事をしている。突如として旧友が電話をかけてくる。近所まできたので、「ちょっとだけ顔が見たい」というのだ。会議中であれば無理だが、一人で仕事をしている場合は、いくら忙しくても、五分くらいであれば何とかなる。

忙しければ忙しいほど、屈伸運動をしたりお茶を飲んだりして、ちょっとした気分転換をして休息をする必要がある。気のおけない旧友と会うのであれば、同じような休息効果も期待できる。そこで、「ちょっとだけ」といって会うことになる。しかし、そのような決心に至る弾みになったのは、**「顔が見たい」という台詞**である。

事務的に「時間があるか」と聞くのでもなく、「会えないか」と迫ってくるのでもない。一見、相手の都合など無視している。自分が近所にきた機会を勝手に利用して、自分の都合だけを人に押しつけようとしている。利己的ともいえる態度である。しかし、そのような点も、まったく気にならない。それはなぜなのだろうか。

会いたいという気持ちが、純粋なかたちで表されているからである。「顔が見たい」という表現の中に、懐かしいという感情が込められ、溢れんばかりに伝わってくるからである。まさに、会いたい気持ちを伝えるときの「殺し文句」だ。

「懐かしい」という感情を抱くのは、自分の心が引かれている状況が長く続いているときである。心の中で静かに深く保たれていて、どこまでも追い求めようとする心の動きである。高度に人間的な感情であり、人と人とのつながりを緊密にする。

懐かしいという感情に素直に従い、その気持ちを正直に吐露する。それは相手に対する力強いはたらきかけとなり、どのような障害物をも取り除く力を持つ。相手側としても、しみじみとした共感の世界をもたらしてくれたことに対して感謝するはずだ。

懐かしいと思ったら、大いに過去を語り、最新の情報を交換して、それまでのギャップを埋めるとよい。

初めは人間関係も単純で、量的にも多くない。よい人間関係のみ追い求めるのに忙しく、「懐かしい」という情緒豊かな感情に浸る余裕もない。ところが、人生の経験を積み重ねていき、人間性に円熟味が加わってくると、感情もまろやかになり、鷹揚な考え方になる。

自分としては決して満足していなかった人間関係も、自分の人生の一齣《ひとこま》として貴重なものになってくる。苦しかったことや悲しかったこと、その原因となった人たちまでも懐かしくなる。人を受け入れる許容量も増すのだ。

72

人目を引く人・好かれる人の「共通点」

文化関係団体や在日各国大使館などが主催するレセプションに招かれていくことがある。政財界をはじめとするさまざまな分野の人たちが出席している。テレビや新聞でよく顔を見る人たちもいる。

大勢の出席者がいる中で、遠くから見ていても一段と目立つ女性が、幾人か必ず目につく。近くで見ると、それは元女優の政治家であることが多い。

目立つのは、まず原色に近い色彩の洋服を着ているからである。しかし、それだけではない。派手な色の服を着ている女性は、ほかにも大勢きている。特に大使館関係の会の場合には、色とりどりの民族衣装を着た女性も多数参加している。

そのような中で人目を引く違いは、まず洗練された着こなしにもあるが、何よりも「姿勢のよさ」と「笑顔」にある。

人の注目を集める女優という職業であったので、いつでもどこでも人に見られていいように、という心構えと身構えが身についているのだ。格好よく立って人と話をするときの雰囲気がよい。人気商売という性質上、常に笑顔を絶やさない。後ろから見ても、笑顔がわかるような振る舞いは見事である。

話をする相手の人だけではなく、周囲にいる人たちに対しても、明るく華やかなムードを投げかけている。明るいムードは人から人へと伝わっていき、人々の気持ちをポジティブにしていく。この点は手本として大いに学ぶべきである。

人に笑顔を見せたら損をすると考えているのではないか、と思われるくらい、いつもしかめっ面をしている人がいる。そのために損をしているのがわかっていないようだ。「笑う門には福来る」といわれているように、笑いは幸せをもたらすものである。

渋面は人を遠ざけるが、笑顔は人を引きつける。笑顔を向けられた人は、自分に対して敵意を抱いていないというメッセージを受け取る。近づいていって仲よくなりたいと思う。笑顔を絶やさないことによって、豊かで平和な人間関係の輪が広がっていくのである。

楽しいときは、自然に笑顔になる。その逆もまた真なりで、笑顔をすれば自然に楽しくなる。ちょっと気持ちを前向きにすれば、笑顔をするのは簡単だ。すると、自分自身も楽しくなり、その気持ちは周囲の人たちにも次々と伝わっていく。

73

上司からも部下からも好かれる「上下関係のコツ」

相手がちょっとでも目下だと思ったら、途端に横柄な振る舞い方をする人がいる。自分のほうが上であることを、ことさら誇示しようとする。権力争いをしているのだ。すなわち、自分が上の位置にあってある程度の力があることに、まだ確信が持てないし、不安がある。自分に力がないことを認めている証拠でもある。

そのような人は、明らかに自分よりも上の人に対しては、はいつくばうような態度をとる。ただひたすらに従順な姿勢に徹するのである。

したがって、人と人との間にある上下関係に関して、極めて鋭敏な人であるといってもよい。人と人とは平等であって、差別をするべきではないという大原則がわかっていない。

下の人からは嫌な人だとして疎まれ、心ある上の人からはイエスマンだとして信頼されない。結局は誰からも相手にされなくなる人である。

家庭の中でも、男であれば、亭主関白として威張りちらしているか、かかあ天下の下で「怯《おび》えて」いるかのどちらかである。同じ人間同士として仲よくやっていこうとする考え方もなければ、そのような能力もない。

自分が上に立つ環境にあるときは、そのときに何をするべきかを考える前に、まず自分の体面や面目を考える。沽券《こけん》にかかわることは一切しない主義に徹する。

このような人が人に好かれることはありえない。それは本人にもわかっている。人から好かれないから、人に権力を押しつけて、いうとおりにさせようとするのだ。完全な悪循環に陥っているのである。

そのような人に反して、**どんな人に対しても明るく心を開いて接していこうとする人は、常に人から好かれる。上の人に対しても下の人に対しても、礼儀正しく振る舞う。**特に下の人に対しては、相手との心理的垣根を取り払うために、気さくに話しかけていく。その人の振る舞いには、どこを探しても「沽券」という言葉は見当たらない。

下の人から近づきやすいように、自分の周りは常にオープンにしている。笑顔を絶やさず人が話しかけやすいようにし、自分の事務室のドアも開けたままにし、いつでも人が入ってこれるようにしている。率直にして親しみやすい雰囲気を醸し出すように常に努力を重ねているのである。

74

「なぜか敬遠される人」が持っている〝悪癖〟

仕事の場や遊びの場で、それまでは自分が参加していた類いの集まりに関して、声がかかってこないことがある。それを何かの拍子に知ったときは、心の中には一瞬穏やかならざるものがある。仲間外れにされたと感じて嫌な気分になり、ついすねた態度をとってみたくなるのも人情だ。自分のことを忘れているのではないかと素直に聞けば、そこですべての疑問ないしは疑念も氷解してしまうのだが、それをしない。

そのまま時間が経過すれば、ずっと恨みの感情を抱いたままである。陰険な感情を持ち続けていたのでは、精神衛生上もよくない。人間関係にもどこかにしっくりしない部分が出てくる。親密な間柄に、わざわざすきま風を吹かせる結果にもなる。

最初の感情に率直に従えば、何の問題も起こらないのだ。**自分にも声をかけてほしいという気持ちに従って、積極的な言動をすればよい。**参加したいという気持ちを率直にいってみる。相手がうっかりして声をかけるのを忘れていた場合もあれば、それなりの理由があっての場合もある。いずれにしても、その点で問題点ははっきりする。

不幸にして参加させてもらえない理由があって、それに対して自分が不満を感じたとしても、それはまったく別の問題だ。理由がわからず、うじうじした気持ちでいるのとは異なり、状況を打開する方法を考えるという積極的な姿勢に転換していくことができる。それだけ人生が前向きになっている。

暗い人よりも明るい人のほうが人に好かれる。すねてばかりいる人に近寄っていく人はいない。**何かあるとすぐすねる人という評判が立ってしまったら、人に誘ってもらえなくなるばかりではなく、情報もまったく入ってこなくなる。**自分だけが知らないことが多くなれば、完全につまはじきされた状態にあると考えてよい。

すねるのは癖である。もちろん、本人には、その自覚症状はない。しかし、すねる人に対してむきになって反論したり、癖だから仕方がないといって不満を抱いたまま放置したりしたのでは、それも一種のすねる行為だ。「逆すね」であって、それでは人間関係は発展しない。

すねる人に対しては、同じ次元で対応してはならない。相手の言い分に耳を傾ける姿勢に徹し、穏やかな態度で接していく。相手が拍子抜けするくらいに、落ち着いて対応する。自分を非難する部分があっても、怒らないで聞き流す態度に終始する。悩みを訴える人の相談に応じて、精神医学の視点から助言をするカウンセラーになったつもりで接していく。それを繰り返していけば、すねる癖も治っていくはずだ。

75

パーティー会場——遠慮なく話しかけるための約束事

学生時代、友人にダンスパーティーの券を買わされて、無駄にするのはもったいないので、仕方なく出席した。

しかし、ナイトクラブで習ったチークダンスくらいしかできないので、女子学生にダンスを申し込む勇気はなかなか出ない。それでも、友人と一緒に周囲を見回しながら、女子学生の「品定め」を徐々に始めるのだ。

ちょっと目につく女性がいるのだが、見ていると、いろいろな男性が申し込みにいって断られている。すると、ダンスに自信がない身としては、なおさら「踊ってください」という元気は出てこない。

今から考えると、踊らないで話だけでもすればよかったと思うのだが、当時は、ダンスパーティーだからダンスしかしてはいけない、と思いこんでいた。

いずれにしても、当時の学生のダンスパーティーには、ダンスにまったく参加しようとしない「壁の花」といわれる女性が多かった。また、我々男子学生の多くも、「壁の草」よろしく突っ立っていた。

昨今のレセプションやパーティーでも、壁の草花は相変わらず目にすることができる。**人と話していない人がいたら、積極的に話しかけてみる。話していないのは、話したくないからではなく、話す相手がいないからである。**不機嫌そうな顔をしているのは、会話を交わしてくれる人がいないからだ。話しかければ、たちまちにして笑顔を見せて喜んでくれる。

話しかけに対して無愛想に拒否をする人がいたら、それはルール違反だ。大勢の人が参加するレセプションなどでは、誰が誰に話しかけてもよいのが原則である。主催者やホストだけに会うためにきた人は、用がすんだらすぐに会場から出ていけばよい。

したがって、会場内で突っ立っている人がいたら、遠慮なく話しかける。学生時代のダンスパーティーでは断られる恐れがあったが、そのようなことはない。人と話したくなかったら、とっくの昔に帰っていっている。安心して話しかければよい。独りで無聊《ぶりょう》をかこっていたので、大いに歓迎されるはずである。

また、**話しかけるとき、相手がその会場でいちばんエライ人だと思って相対する心構えが必要だ。**そうすれば、相手も礼儀正しい人として応対してくれる。風采《ふうさい》で人を判断したりするのは、非常に危険である。

76

「自分の好きなもの」を人に押しつけない

家族ぐるみで仲よくつきあっている家族があった。皆で一緒に旅行にいったり、食事を共にしたりしていた。お互いの家を訪問することも頻繁で、楽しい時間を過ごしていた。そんなとき、父親同士は仕事やスポーツの話をし、母親同士は子供の教育の話や世間話に熱中し、子供たちはゲームに興じ、時間の過ぎるのを忘れていた。

しかし、そのようなつきあいも、ある時点から疎遠になってしまった。

それは、一方の家がペットとして犬を飼い始めてからである。訪問すると、家族と一緒に犬も出てきて、客を「歓迎」するのである。訪問する側の家族は、犬に対して何らの愛着もないので淡々としているが、飼っている側は、「かわいいでしょう」といって、その都度、同意を求める。

それまでは、さまざまな話題が飛び交っていたのであるが、犬の話がことあるごとに持ち出されるようになった。

相手に興味のないことが明らかになった話題は、すぐにそらすのが楽しい会話を続けるコツである。しかし、常に犬が周囲を動き回っていたのでは、そのつど、話にせざるをえない。そこで、他方の家族は、何となく疎ましく思うようになった。

さらに、それほど広くはない家の中で飼っているので、あちこちに犬の毛が散らばっている。他方の母親に喘息の持病があることは相手も知っていた。犬の毛に弱い点については、以前にも話をしたことがあるので、その点に対する配慮がないことも決定的であった。その後、何回か誘いを受けたが、犬を飼っている家を訪問することはなかった。

犬や猫が好きでペットとして飼うのは本人の自由であるが、その自分が好きであるという気持ちを他人に押しつけ、その気持ちに対する同意を強要するのはいきすぎであるといわざるをえない。

それぞれ、人にはいろいろな事情があり、いろいろな好みがある。自分の好みを表明するのは差し支えないが、それを人に押しつけてはいけない。

酒が嫌いな人に対して、酒飲みが酒を飲むことを強いるのと同じである。同じ席で自分が酒を飲むのを許す、ないしは見守ってくれるだけで感謝しなくてはいけない。

自分が好きなものは人も好きであろう、と自動的に考えがちであるが、まず相手の好みを推し量ってから、または聞いてから、相手にアプローチしていくべきである。

77

間違いを犯した——傷口を広げないための「謝罪の仕方」

間違いを犯すのは人の常であるから、間違いをしたからといって恥じる必要はない。「正々堂々と」といったら語弊があるが、ずる賢く逃げ回らないで、正面切って過ちを認め、そのために迷惑を被った人に対して、謝って許しを乞うのが原則である。

とはいえ、間違えたその事実、ないしは自分が悪かったことを、できれば人に知られたくないと思うのも人の常だ。しかし、間違いは遅かれ早かれ明るみに出るだろうし、誰が悪かったかは周囲の目には明白だ。わからないだろうと思っているのは、本人だけである。それは本人がそう思いたいから、その希望的観測に従って思っているにすぎない。

間違いを犯したら、早急かつ率直に謝るのが鉄則である。「善は急げ」と同じように、「謝罪は急げ」を旨とするべきである。それに、迷惑をかけた相手の人のところへ出向いていって、面前で頭を下げるのが原則である。電話をかけるのは、謝る場合に関しては、あくまでも略式である点を忘れてはならない。格好などには構わず、即刻押っ取り刀で駆けつけるのである。電話で申し訳ないという気持ちを伝えるのは極めて難しい。面と向かってでないと、なかなか誠意は伝わらないものだ。「わざわざ」という状況をつくり出すことによって、真摯に反省している気持ちが伝わる。罪を犯したときも、犯罪事実が、または犯人が誰かがわからないときに、犯人自らが捜査機関に申し出れば、刑の軽減や免除を受けることができる。それだけ、少なくとも多少の誠意が感じられるからだ。

逃げ回って追い詰められてから捕まったのでは、世間の罪に対する追及も厳しくなる。その後で反省しても、人々はその反省の気持ちを一〇〇パーセント信じることはできない。口先だけのいい逃れであろうと考える。したがって、刑の減免を考える余地はなく、徹底的な刑の執行を求める結果になる。**間違いを犯したことをいさぎよく認めれば、正直な人、うそをつかない人というイメージを与える。それは人間関係の基盤となる「信頼関係」を構築ないしは維持していくための重要な要素である。**

それまでまったく知らない者同士であったにもかかわらず、一方が間違いを犯したとき、その謝り方がよかったために、瞬時にして強い人間関係が結ばれたという例は枚挙にいとまがない。間違ったときは、危機的な状況である。「危」険で不安定な状態であるが、それだけにプラスに転換できる「機」会でもある。その機会に対して、誠意を持って真摯に対処するという姿勢が、豊かな人間関係への道だ。

78

「自分の欠点」がいちばんの〝魅力〟に変わるとき

誰にでも引け目に思うことがある。ほかの人に比べて自分が劣っていると考えていることである。それは身体的なことであったり、家庭の事情や自分の過去であったりする。自分が苦手なことに思い悩んでいる場合もある。例えば、自分に耳がよく聞こえないという欠陥があったり、自分の子供がグレていたり、また自分がちょっとした暗算もできないくらいに計算に弱かったりする場合である。自分の力ではどうにもならないこともあれば、一所懸命に努力はしていても克服できないこともある。いずれにしても、そのような欠点は、本人が気にしている限り、自らの向上意欲を阻害し、自信や勇気の喪失につながり、いつまでもマイナス要因としてしか作用しない。

何でも隠そうとするときは、多大のエネルギーを必要とする。四六時中、いわゆる水も漏らさぬ態度を整え、万全を期さなくてはならない。ちょっとの油断も許されない。常に緊張した防御態勢になるので、どうしても暗いイメージがつきまとう。

一方、**隠しだてをしないで、何でもありのままを見せてもよいと思っているときは、実に気楽である。**気のおもむくまま、その場の流れに身を任せたままにしておいてよいのであるから、神経を使う必要はない。あけっぴろげは明るい雰囲気につながっていく。

さらに、本人がいくら隠そうと思っても隠しきれないこともある。明々白々な事実を隠そうとすればするほど、本人の劣等感が肥大化するので、前進や向上が妨げられるだけだ。そのような欠点は、それが人に嫌悪感を催させるものではない限り、思い切ってさらけ出してみる。

そうすると、その欠点はもはや劣等感の種ではなくなるので、自分の心のわだかまりもなくなる。自由自在に振る舞うことが可能になる。周囲の人たちにとっても、その点は常に気になっていたので、それに関連する言葉や話題は「禁句」に近くなっていて、自由な話ができなかった。それまで人間関係の障害になっていたものがなくなったので、より打ち解けたつきあいができるようになる。

また、隠している欠点についても、打ち明ければ気が楽になる。自分が重大な欠点だと思っていたことも、ほかの人の目からは欠点として認識されなかったり、とるに足りないこととして片づけられたりする。**他人にとっては、人のことは所詮「よそごと」でしかなく、それほど重要視はしていない。欠点も隠さないほうが、人間関係が豊かになるのは間違いない。**

79

「虫が好かない人」ともうまくやっていける〝奥義〟

都心とはいいながら、繁華街から外れた一角にあるバーに、ある会合の後で友人が連れていってくれた。

どんなに詰め込んでも二十人は入らない小さなところに、先客が六、七人いた。そのうちの一人の酔客がカウンターに座ってママと話していた。絡むような話し方をしているのだが、それに対してママは誠意のこもった受け答えをしている。

酔っ払いだからといって軽く受け流しているのでもなければ、本気になって反論しているのでもない。その客のいうことに対して静かに耳を傾け、共感するようなかたちで応対をしているのだ。私たちもカウンターに座ったので、まもなくその客も折を見て帰っていった。

ママの真摯な応対に感心したので、その旨をいうと、ママは自分の心構えを話してくれた。男の客に対するときは、相手が年配の人であれ若い男であれ、**この人と夫婦になってやっていくとしたら、自分はどのように振る舞うだろうか、と考える**のだという。相手がたとえ凶悪な犯罪者であったとしても、どこかによいところがある。その点に焦点を合わせて、何とか力になれることはないかと考える。

そのように考えていくと、何か自分が相手に尽くすことができる点が浮き彫りになってくる。

人に尽くせば喜ばれる。そうなれば、自分もうれしくなる。束の間ではあるが、バーというミニ人生の場で、そのようなやりとりを繰り返している。それは楽しい「芝居」であり、しかも生活の糧となっているので、この上ないことだという。

このママの人との接し方からは、大いに学ばなくてはならない。例えば、虫が好かない人とか、つきあいたくもないと思う人とかに対して、ただ毛嫌いするのではなく、どこかに人間同士の接点を探してみるのである。

相手が異性であれば、そのママのように考えてみる。**同性であれば、親子や兄弟姉妹の関係にあると考えてみる。**そのうえで、その人に対して接してみると、人間味のある接し方になるはずだ。

「親身」になって相手を気遣ってみれば、相手の反応も自然に「優しい」ものになってくる。相手が敵対的であるからといって自分も敵対的な対応をしたのでは、折り合いをつける接点は見つからない。まず、身近な人と仮定してから接してみるのである。

5章

「一緒にいるだけで気分がいい」

——好感を持たれる人の22の共通項

80

他人に話していいこと・悪いこと

親しい人が悩みを打ち明けてくる。よく耳を傾けたうえで、友人として、しかし第三者の観点に立って、自分の意見を述べたり助言を与えたりする。悩んでいる人は、自分でどうしたらよいかわからない。まさに五里霧中の状態であるから、友人のちょっとしたヒントでも、悩みを解決する端緒になる。

悩みは聞いてもらうだけでも、気分がちょっと楽になる。したがって、何ら有意義な助言ができなくても、身を入れて耳を傾ければ、それだけで十分に役立つのである。悩みを本気で聞いてくれることがわかると、相手も悩みについて微に入り細を穿《うが》って話すようになる。

悩みは弱みである。したがって、自分の悩みは人に知られたくない。皆から隠そうとするのが人情だ。皆に知られると、弱みを握られたかたちになり、自分にとっては不利になるからである。

人に悩みを打ち明けられたときは、たとえ内緒にしてくれといわれなくても、口外してはならない。親しい友人であるから自分に不利になるようなことはしないだろう、と相手は考えて信用しているのだ。それにもかかわらず、打ち明け話を人に話すのは、裏切り行為に等しい。

「打ち明けること」の英語は、「コンフィデンス」であるが、これには「秘密」や「内緒事」という意味だけではなく、もともと「信任」や「信頼」という意味がある。すなわち、打ち明けるのは内緒事であり、相手を信用しているということなのである。

内緒の話かどうかは、その内容が人に知られたら相手が困るかどうか、また評判を落としたりする不利益を被るかどうかなどを考えればすぐわかる。

親密な間柄であれば、そのような判断は的確にできるはずである。友人の信頼を裏切るようなことになってはならない。

人の秘密を軽々しくほかの人に話せば、その秘密を漏らしたという事実は、すぐに皆に知られてしまう。

そのようなことになれば、打ち明け話はもちろんだが、ちょっとした世間話でさえも、誰も話そうとはしなくなる。**口の軽い人は皆に敬遠される。**親しかった友人までも徐々に遠ざかっていき、誰も相手にしてくれなくなる。

81

こんな「安請け合い」をする人は信用されなくなる!

特に一緒に食事をしたり酒を飲んだりしている席で、人があるものや人を探しているとか困っていることがあるとかいうとき、自分がそのことについて知っているかもしれないと思うときがある。

そこで、探してあげようとか、問題解決の糸口になるようなことをしてあげようかとかいう。よく考えもしないで、軽い気持ちでいってしまう。

少しでも酔っていた場合であれば、その気持ちの軽さは、羽毛よりも軽いものである可能性も高い。「口から出任せ」というほどではないにしても、よく考えてからいっていないことは間違いない。すなわち、安請け合いをした結果になっている。ときには、いった本人が覚えていないこともあるくらいだ。

しかし、いわれた側としては、よく覚えている。「もしかしたら」という淡い望みであったとしても、一つの頼みの綱である。心の中では期待しながら待っているのである。したがって、何かをしてやるといった相手が、いつまでたっても何もしてくれないときは、イライラした状態が続く。最後には諦める羽目になるが、そのときは相手に当てにならない人との烙印を押して、自分の気持ちに決着をつけることになる。

話のついでに軽くいったことだからと思って、相手も忘れているだろうと軽く考えるのは極めて危険だ。自分の信用の失墜につながる問題である。些細なことについてであっても、約束は約束である。些細なことであればあるだけ、ちょっと努力するだけでできるはずだ。それをしないのは、ルーズな性格であると決めつけられても仕方がない。

もちろん、小さなことでもできないことはある。そんなときは、約束したができない旨を、できるだけ早く相手に伝える必要がある。人の目につく大きなことの場合は、きちんとしなければ人に評価されないので、皆、一所懸命に努力する。

しかし、小さなことであれば、誰も気にしないであろうと考えがちであるが、実際はその逆である。**小さなことをきちんとすれば、律儀さが一段と目立つのである。**「安請け合いは当てにならぬ」ということわざがある。安請け合いは実現される可能性が低いのだ。それだけに、約束を約束としてきちんと実行すれば、皆の信望が厚くなることは間違いない。いったん口にしたことは、必ず実行する固い決意が必要だ。

82

「誰かに非難されたとき」の賢い対処の仕方

人に非難されたり詰問されたりすれば、誰でも嫌な気分になる。相手のいうとおりであろうと相手が間違っていようと関係なく、自分の心は傷つく。その傷ついた気持ちを癒そうとして、相手の行為がひどいことを自分にいい聞かせようとする。さらに攻撃的になって、自分を嫌な気分にさせた相手を非難しようとしたりもする。

しかし、人間関係を大切にしようとする人は、そのようなときに人を悪くいうことはしない。**相手の行為をとやかくいうことはしないで、その行為によって傷ついた自分の心に焦点を当てる。自分の心が痛み、気分が悪くなったことを嘆くのである。**

原因である相手の行為を責めるのではなく、結果である自分の心の状態とのみ直面するのだ。

すべてを自分のせいにするのではない。自分の感情に対して、その原因を追究することなく、直接に向き合おうという姿勢である。自分の心の痛みをそのままに感じとり、現状をそのまま甘受しようとする。

したがって、自分を否定的な気分にした相手に対しても、相手が自分を傷つけたなどとは絶対にいわない。ただ、自分の現在の心情を描写してみせるだけである。

したがって、非難した側としては、人を攻撃した自分について、正しい言動をしたのかどうかを反省せざるをえなくなる。

悲しい目に遭わせた自分に非はなかったかどうかを考える。相手があまりにも率直な姿勢に徹して冷静なので、相手に向けた矛先のやり場がなくなってしまう。結局、自分自身に向けてみる結果にもなる。

「脚下照顧《きゃっかしょうこ》」という禅語がある。足下をよく見よという意味であるが、そこには人生に対する深い教訓がある。すなわち、人生の意味を知ろうとして、いろいろと外に向かっていって物事を見極めようとするが、真実は身近なところにある。すべて自分自身を見ればわかるというものだ。自分自身から離れていって、自分自身を客観的に観察し、考察してみれば、人間の本質もよくわかる。それが、この世の真実である。

そのようなことができる人には、少しのケレンもない。自然そのままで、まったく無理がない。**悲しんでいるようであっても、悠然としたところがある。**気になり、**心**引かれる人である。

83

「悪い知らせ」を持ってきた人にこそ感謝する

古代ギリシア三大悲劇詩人の一人であるソフォクレスは、その作品『アンティゴネ』の中で、「悪い知らせを持ってくる人が好きな人はいない」と書いている。

悪いニュースを知らせてくれた人が悪くないことは、誰でもわかっている。しかし、その知らせによって自分の気持ちは暗くなり、悲しみや怒りの感情に襲われる。そのとき、目の前にいる人に八つ当たりしたくなるのは、悲しい人間の性《さが》である。

そこで、「使者を撃つな」という英語のことわざを思い起こさなくてはならない。使者は、その役目に従って、知らせや伝言を届けてくれただけである。それに対して、その内容が自分に不利ないしは不快なものだからといって、その使者を撃ち殺そうとするのは、道理にもとるし、人の道にも反する。

特にビジネスの場においては、自分にとって不利なニュースについて、早く知れば知るほど有利になる場合も少なくない。それ以上に不利な状況になるのを避けるために、何らかの手立てを講じたり方向転換をしたりすることが可能だからである。

逆に、悪いニュースをすぐに知らされなかったために、企業のトップが適切な判断を下すことができず、企業が危機的な状態に陥ったり、壊滅的な打撃を被った例は枚挙にいとまがない。

特に、人の上に立つ人の場合は、悪い情報がすぐ入手できる態勢を整えておく必要がある。さもないと、「裸の王様」になってしまう。上におもねる人は、よい知らせだけを競って持ってこようとする。ときには、悪い知らせをよい知らせにすり替える危険もある。

情報を知らせる義務のある「使者」ではない人が、自分にとって悪い情報を自発的に提供してくれるときは、大げさなくらいに感謝の念を表明してしかるべきだ。相当な勇気を奮い起こし、大いなる好意を抱いてくれたうえであるはずだから。

そこで、「悪い知らせを持ってきた人には感謝」というのが、銘記すべき原則だ。

もちろん、一生知らないですめば、そのほうがよい情報もある。そのような情報でも、教えてくれる人は、自分によかれと思ってくれているのだ。

その場で笑って感謝はできないかもしれないが、少なくとも「怒らないで」聞く余裕が必要だ。

84

「金」に頭を下げる人、「人」に頭を下げる人

目上を敬うという礼儀も、かなり廃《すた》れてきた。「三尺去って師の影を踏まず」といわれていたが、そのように師を尊敬する風潮も衰え、先生も生徒も同列に近くなった。家庭でも親の権威はかなり失墜し、子供は親のいうことを聞かなくなった。「年寄りは家の宝」と考え、年寄りに教えを乞おうとする若者も少なくなった。

組織の中において確立されていた年功序列制は、もはや旧来の陋習《ろうしゅう》であるという考え方が支配的になってきた。その関連で、目上とか目下とかいう地位、階級、家族関係、年齢などの区別に従った上下関係はあまり意識されなくなった。その場における実力や能力、ないしは力関係を判断基準として、人の上下関係が決まってくる傾向が見られる。

上下貴賤《きせん》の隔てなく人と人とがつきあうような風潮になってきたのである。そのこと自体はよいことであるが、上下の差別をしなくなったために、人を人とも思わないで人に対する人が多くなったことは、嘆かわしい事態である。人に敬意を表することを忘れてしまっている。誰に対しても、傍若無人《ぼうじゃくぶじん》に振る舞う人が多くなった。

人に頭を下げて敬意を表した「ふり」をするのは、相手から何か「利」を引き出せる場合、ないしはそのように期待できる場合だけだ。典型的な例は、自分が生計を立てるに当たって便宜を図ってくれる上司である場合もあれば、仕事をもらおうと思って日参している新規開拓中の企業の人である場合もある。いわば、人に対して頭を下げているのではなく、金に頭を下げている状況になっている。

その点に関して、自分自身をときどき定期的に点検してみるべきだ。まず、**自分が頭を下げている相手はどんな人かについて分析してみればよい。**自分が金をもらっている人か、自分が金を払ってはいるが、それに十分見合う価値のあるものやサービスを受け取っている人か、またそのような可能性のある人か、などと考えていく。そこで、利をもたらす人にだけ敬意を表していることが判明したら、大いに反省して、自分の行動様式を改める必要がある。

自分が利を与えていると思っている相手に対しても敬意を表さなくてはならない。**レストランの従業員であれ、タクシーの運転手であれ、いわゆる「使用人」的な感覚を抱いて接する人がいるが、それは間違いだ。**自分が必要なサービスを提供してもらっているのだ。それに対しては感謝をする必要がある。自分がかかわりあう人は、どんな人でも、人間として敬意を表し、その人間性を尊重することを忘れてはならない。

85

自分ではなく「他人の予定」を大切に

転勤する人の送別会を開くことになり、幹事が日時を決め、場所を手配して、皆に連絡した。ところが、その二、三日前になって、日時が変更された旨が告げられる。ブツブツいう者が続出だ。皆、仕事の場であれ、私的な場であれ、予定を立てて行動をしている。予定された日時の近くになって変更されると、すべての予定がかなりの影響を受ける。余分の作業もしなくてはならない。不満に思うのも当然だ。

しかし、そのような急な予定変更に対しても、常に笑顔をもって唯々諾々として従う人がいる。不満も漏らさず、変更に合わせて自分の予定も調整していく。その人は気長な性格の人ではない。どちらかというと、スピードを信条とし、効率を常に心掛けている人だ。

しかるに不平の一つもないのは、送別会という会の目的を頭におき、その会の主役を中心に考えているからである。それに比べると、その会の参加者大勢の中の一人である自分自身の予定の重要度は、かなりの程度に低いと考えるのだ。予定どおりに物事を進めることは重要だ。しかし、予定に固執してその質が落ちたり、本来の目的を達成できなかったりしたのでは、まったく意味がない。**予定はあくまでも予定であり、そのつどフレキシブルに対応していく必要がある。予定に縛られて、本末を転倒する結果になってはいけない。**

私も執筆活動の中では、かなり綿密なスケジュールを立てる。コンサルタント業務その他の仕事もあるので、時間は限られている。したがって、いったん予定を立てると、それを固守するつもりでないと、本を書き上げることはできない。

書き始めた後で、出版社から本の内容やページ数などについて、ちょっとした変更を提案されることがある。私の場合は時間的にかなりギリギリのスケジュールになっているので、変更はしたくない。一瞬、拒絶したい思いが頭の中をよぎる。しかし、ここでよく考えるのである。何のための変更なのか。よりよい本をつくるためではないのか。より多くの人に読んでもらうためには、売れる本にならなければ意味がない。

出版社と私の目的は同じで、利害も完全に一致しているはずだ。その目的に沿った変更であるから、それを拒絶する理由はありえない。自分のすべての仕事の予定が狂うからといって変更に応じなかったら、自分の利益を捨てることになる。単に一時的な自己満足を得る結果になるだけだ。それでは、出版社にも嫌われるようになる運命である。そう考えると、ぐっと前向きな姿勢になって、スケジュール調整ができる。

86

プライベートに「上下関係」を持ちこまない！

日本のある元大使夫人の話である。駐在している国で大使館員の夫人たちを集めて訓示を垂れたり昼食会を催したりするので、皆に煙たがられていたという。それぞれの夫である外交官の公使、参事官、書記官などの階級に従って、夫人たちの序列も決まっていた。会合における役割も、その序列に従って振り分けられていた。

外交官に関しては、ほかの職業に比べ、その夫人の果たす役割も多いことは確かだ。しかし、大使夫人の裁量による命令の下に、頻繁に呼び出されて研修もどきをさせられたのでは、我慢の限度を超える。それに、外交の場でない限りは、夫の官位と夫人の地位は関係ない。その元大使夫人が皆から嫌がられていたのは当然である。

民間の企業の場合でも、企業に属する社員の序列は決まっていて、それは組織として機能するためには必要なことである。しかし、一歩企業の外に出て仕事とかかわりのない場にいったときは、企業内の役割や序列は関係のないものとなる。同じ人間同士として、対等なつきあいをするのが原則である。

お互いの家族が一緒になる場では、特に気をつけて、会社における上下関係が表に出ないようにしなくてはならない。相手の妻や子供がいる前で、会社の中にいるときのように、上の者から下の者に対する言葉遣いをするのは厳に戒めるべきである。すなわち、**家族の前では、部下に対しても同僚に対するがごとくに振る舞う必要がある。**

もちろん、普段から、会社の中でも、上の者が下の者に対して居丈高になって話しているのであれば、そのこと自体にも問題がある。仕事は上から下まで皆で協力してしていることであり、そこでの会話は同じ人間同士のもので、話し方は対等のベースに立ったものでなくてはならない。

家族と家族の間の会話は、お互いに「いつもお世話になっています」という挨拶から始まるはずだ。実際に、世話をし合っているからこそ、企業が存続しているからである。上司の家族が上司風を吹かすなどはもってのほかである。家族に反感を抱かれたら、すぐ会社の中の士気に悪い影響を及ぼす。

逆に、家族間に平等で和やかな気分が満ちていけば、それぞれの家族、いわゆる「銃後」の守りも堅い。仕事の士気も大いに高まる。それも、出発点はちょっとした言葉の使い方である。**同じ人間同士の会話を心掛けるだけで、企業の隆盛にもつながる気運が生じてくる。**

87

どうしても「タバコ」をやめられない人に

人に嫌われたいと思ったらタバコを吸えばよい、という時代になった。タバコは健康に害があることが明白になったため、その排斥運動は日に日に激しさを増している。

害があるとわかっていても、本人が承知をしたうえだからよいという人もいるが、そのような自分勝手な理論は通用しない。本人がよいといっても、それをやめさせなかった人が悪い、という考え方も主流になりつつある。

未必の故意というのがある。よくない結果になるかもしれないと思いながらも、そうなっても仕方がないと考えて、あえて危険を冒してそのような行為に及ぶときの意識である。積極的に意図しているのではないが、「消極的な故意」として解釈することができるような心のはたらきである。

人のタバコをやめさせようとしないのは、まさにこの未必の故意に基づくものといってよい。

したがって、タバコを吸う人をそのまま「放置する」という行為はよくない、と考えざるをえない。本人が放っておいてくれといっても、干渉せざるをえない所以だ。

タバコは吸う本人にとってよくないだけではない。それよりももっと悪いのは、周囲に煙の害をまき散らすからである。周囲の人に「受動喫煙」を強制することによって、不快なにおいを吸わせたうえに、健康に害を及ぼす結果になっている。受動喫煙が不快なことは、いわゆる「愛煙家」も認めている。自分が吸うとき以外は禁煙車のほうがよいといっているのは、そのよい証拠である。

タバコを製造販売している企業には、当然のことながら、大いに問題がある。まず、何とかして売ろうとする姿勢がよくない。死へとつながる可能性のある商品を、臆面もなく宣伝し、販売している。映画やテレビにもタバコを吸う場面が出てくるが、それを否定的に描いているのは極めて例外的である。社会のあらゆる分野が、タバコを否定する毅然たる態度を示す必要がある。

タバコを吸う人としては、できるだけ早くというよりも即座に、その悪習をやめることだ。人前で吸うのは、紛れもないマナー違反である。どんなに仕事ができて、どんなに魅力的な人柄であっても、タバコを吸っていたのでは好かれることはない。徐々に敬遠されるようになり、最後には排撃される運命である。

88

過去に〝ひと悶着〟あった人への上手な対応の仕方

自分を裏切った人、ないしは自分に対して不都合なことをした人に、何かの機会に出会ったときはどうするか。

まだ恨み骨髄に徹する気持ちの場合は、罵詈《ばり》雑言を浴びせかける人もいれば、にらみつける人もいるだろう。ときの経過とともに、恨みの気持ちが薄れた人でも、二度と顔を見たくないという風情で無視しようとするかもしれない。

しかし、なぜ裏切ったのか、なぜ不都合なことをしたのかについて考えを及ぼしてみる。その人なりにそれなりの理由があったはずだ。人を裏切って辛い目に遭わせ、苦痛を与えてやろうと思ったからではないだろう。やむにやまれぬ思いであったに違いない。

そうなると、裏切った人のほうが、裏切られた人よりも苦しい思いをし、その思いをずっと引きずっている。

いうなれば、ずっと罪の意識にさいなまれて、その分だけ罰を受けている。自分が裏切った人に対しては顔向けできない、と思っているところで、当の本人に出会ったのであるから、どうしてよいかわからない。ひどいことをいわれたり無視されたりしても、甘受せざるをえない。

そのような状況の下であるから、裏切った人に追い討ちをかけても、しつこく責めるだけで、それ以上は何のプラスにもならない。一般的に、弱くなっている者を、さらに追い詰めるのは得策でない。窮鼠猫《きゅうそ》を嚙むといわれているように、死力を尽くして反撃に出て、強い側が不利になることもある。

いたずらに過去のことで責めるのをやめ、気持ちを切り換えてみる。現在から再出発をし、新たな人間関係を築く方向へと動いてみる。**当たり前に話しかけ、「その後、元気ですか」などといえば、その心の広さは相手の心に感動を与えるはず。相手に積極的にはたらきかけることによって、自分の世界は広がっていく。**

すでに知っている人であるから、その長所や短所もわかっている。自分のできる範囲内でつきあえばよい。

相手は、いうなれば敗者復活戦の機会を与えられたのである。普通の人であれば、その恩義に報いるために全力投球をする。過去にこだわらず、ちょっと考え方を変えただけで、つきあいの幅が広がり、より豊かな人間関係が可能になっていくのである。

89

人にものを頼むときの「いいやり方」「悪いやり方」

人間が間違いを犯すのは当たり前である。したがって、間違いをしないようにと神経を使いすぎると、前に一歩も進めない状態になる。幼児に対して、道路を横断するときは、左右を見て車がこないのを確かめてから歩き始めるが、さらに念を入れて、ときどき左右を見ていかなくてはならないなどと教えれば、道路を渡るのが怖くなる。一人で歩く勇気がなくなってしまう。

間違いをしないようにしなくてはならないが、あまりにも神経質になったのでは、何一つ仕上げることができなくなる。完全を期そうと思えば、思い悩むばかりで、仕事に手をつけることさえできない。あまり文章を書いたことがない人が何かを書こうとするときが、そのよい例である。人に笑われない立派な文章にしようと思うので、最初の書き出しもどうしようかと考え、机の前に座ったまま時間がいたずらに過ぎていく。

まず、自分には立派な文章は書けるはずがないと覚悟を決める。完全を目指すことを諦め、何でもよいから頭に浮かんだことを書いていく。それが自分のベストを尽くすことだと自分自身にいい聞かせるのである。多少は論理に一貫性が欠けていようが、表現方法が稚拙であろうが、それが自分の文章であり、自分の独自性である。それに対して自信が持てなかったら、自分の存在意義はなくなる。

人間は試行錯誤を重ねて、少しずつ前進していくのである。初めから自分に対しても他人に対しても、完全を期待するのは間違っている。**仕事を依頼するときも、細かいところまで指示したりして、くどくどいう必要はない。**

ましてや、間違いをするなとか手抜きをするなとか、「警告」まがいのことをいってはならない。それでは、相手の気持ちに脅しをかけることになり、前向きの意欲を殺ぐだけではなく、反感までも買ってしまう結果になる。

それよりも、信頼して任せるほうがよい。信頼されるのも一種の圧力である。しかし、それは自分の向上心をかき立てる原動力となる圧力だ。上から押さえつける圧力ではなく、下から押し上げる圧力である。一所懸命に努力しようとする気にさせる。

人は信頼されたら、その信頼に応えようとする。自分の力を信じてくれた人の期待に背かないようにと、全力投球をする。したがって、仕事の結果もよくなるのは当然だ。仕事の場でも、部下を信頼して任せる上司は、部下に好かれ、信頼されている。

90

「進んで雑用をする」

雑用は下っ端のすることで、エライ人は泰然自若としているべきだ、というのが常識である。エライ人は大所高所から物事を見て、適切な判断を下し、適宜に指示を与えなくてはならない。そのためには、細かい雑事にかかわりあっていたのでは、その任務が果たせないからであるという理由だ。

しかしながら、いくらエラクても、雑用をする時間的余裕があったり、自分で簡単にできることであったりすれば、自分ですればよい。それで、自分の威厳が損なわれるものでもない。雑用をしたのではは沽券にかかわると思っている人は、エライふりを貫き通さないと、人は自分をエラクないと思うのではないかと考えている。自分に自信がないから、エライ人に典型的な行動様式の演技を続けて、自分がエライことを人々に認めてもらおうとしている。

ときどき雑用を自らですれば、逆に評価が上がるはずだ。物事にこだわらない気さくな人柄だと、皆に親しまれるようなる。雑用でも率先して自分ですれば、皆に手本を示すかたちになる。勇将の下に弱卒はなし、といわれている。上がきちんとすれば、下もきちんとする。

リーダーが先頭に立ってすれば、皆も雑用の重要度を認識する。それまで、つまらない仕事だと思って嫌々しながらしていたのが、そうではないことに気がつく。リーダーは、すべての点において手本を示していく心構えが必要だ。大きな局面で先頭に立つのは当然だが、雑事の次元においても不言実行をすれば、その意外性が人の心に訴える。親近感をもたらし、人間味が浮き上がってくる。

例えば、接待のためにレストランを予約するときなど、部下や秘書にさせるのは二度手間になり、時間と労力の無駄である。秘書に指示する内容を、自分がそのままレストランに伝えれば、通常の場合はことがすむ。自分でできることは自分でするように、と小さいころから教わったとおりにしているだけだ。そのような柔軟性と機動性こそが、周囲の人に権威的ではない自由闊達な雰囲気を感じさせるのだ。

ほかに、雑用をするメリットもある。**忙しく頭を使っている間にすれば、まったく異なった次元の仕事をすることによって、頭を休めると同時に、自分を客観的に観察する機会にもなる。**また、下の人たちのしている仕事にある面白さや難しさもわかるので、そのような仕事に対する理解も増す。一石で二鳥だけではなく、三鳥も四鳥も手に入れる効果があるのだ。

91

「人がやりたがらないこと」を進んでやれる人

苦と楽とどちらを選ぶかといわれたら、楽のほうを選ぶのが人情だ。特別な条件がついていない限りは、無理をして苦を求める人はいない。のんべんだらりとした生活態度の人の場合は、何も考えないから、常に苦は避け、楽を求める結果になる。

しかし、何らかの目的意識を持って考えながら動いている人は、何をするときも、そこに何か「特別の条件」ないしは「報酬」が隠されているのではないかと考える。その報酬は広範囲にわたって考えていく必要がある。誰にでもわかる金銭的なものや名誉的なものから、自己の鍛錬、それに単なる自己満足までとさまざまである。

そこで考えた報酬が必ずしも手に入るとは限らないが、可能性があると見当をつけたら努力しようとする。リターンあるところにリスクはつきものである。ある程度のリスクは誰もが覚悟している。いずれにしても、努力をしなかったら、リターンを期待することはできない。

人がするのを嫌がることとは、苦の要素が多いことである。それに、どのような報酬があるか、はっきり見えないときだ。難しいことであったり、つまらないことであったり、汚いことであったりする。しかし、誰もが尻込みをすることを進んでしてみると、新たな道が開けてくることが多い。

まず、皆がしたくなかったことをしなくてすむようになったので、少なくとも感謝してくれる。したがって、できる範囲内では協力してくれるはずだ。少なくとも、人の足を引っ張ったりして妨害するようなことはしない。仕事に限らず、何をするにしても、誰も妨害をしない状況の下にあっては、ことの成就への道は近くなる。

さらに、誰もしようとしなかったことであるから、たとえ結果が思わしくなかったとしても、人々は多少大目に見ようとする。人に押しつけたので、ちょっとした罪悪感を感じているからである。

したがって、失敗してもそれほどの汚点とはならない。ことが成功裏に成就したときは、評価が大きく上がるはずだ。皆が注目して見ていたのであるから、スポットライトが当たったかたちになっていた。

このように考えると、**人が嫌がることをするのは好意を持って見られ、結果的にはローリスク・ハイリターンの「プロジェクト」だ。**

92

「つい嫌な顔をしてしまう人」は、こんなに損！

人に何かをするようにいわれたとき、したくないと思ったら、つい、嫌な顔をするのは人情だ。しかしながら、それがいずれにしても自分がしなくてはならないことであれば、笑顔で引き受けたほうがよい。

依頼ないしは指示した人としても、嫌がるだろうなと思って、心の奥底では抵抗を感じながらいっているかもしれない。その気持ちに対しても、**積極的に引き受ける意思表示を笑顔で示すべきだ。そのようにして初めて、依頼ないしは指示する人と引き受ける人との心が交わる。**

嫌な顔をする人に対しては、誰でも話しかけたくない。選択の余地があるときは、できればその人を避けようとする。嫌な顔をする人の世界は、それだけ狭くなっていく。嫌な顔をするのも癖である。その悪い癖のために人から避けられ、嫌がられる結果になる。

あるクラスを受け持っている。そこで指名してプレゼンテーションをさせるのであるが、指名すると嫌な顔をする人がいる。プレゼンテーションの仕方を学ぶためにきているはずなので、首をかしげたくなる。時間を無駄にしたうえに、人に対して悪い印象を与えるために出席しているとしか思えない。本人は喜んで歓迎するはずのことについても、声をかけたくない気持ちになる。

商売の世界も同じである。儲かるときは笑顔だが、あまり有利でないときは仏頂面をするというのでは、人はいい商売を持ってきてはくれない。例えば、店を張って商売をしているとき、買ってくれる客にだけ愛想がよくても駄目だ。店に入ってきたから客かと思ったら、道を尋ねるためだったという場合でも、にこやかに対応して親切に道を教えてあげる。

現在、目の前にいる客だけではなく、過去の客、それに将来もしかしたら客になってくれるかもしれない人、すなわち日々出会う人全員に対して、笑顔で接していくべきである。「商《あきな》いは飽《あ》きない」といって、日々営々と励んでいくべきものである。「嫌」になったときは店を閉めたほうがよい。

「笑う門には福来る」である。**苦しみや悲しみなど嫌なことがあっても、常に前向きの姿勢に徹して笑顔をもって対処していけば、幸せがやってくる。**よいことがあると信じているだけでも、自分の周囲の流れはよい方向に向かっていく。渋面に対しては、人も幸せも寄ってくることはない。

93

親しい仲だからこそ「絶対にしてはならないこと」

何ら経験がなくても簡単にできる仕事の一つに、訪問販売がある。販売する商品やサービスについて、特色や効能などの知識を身につければ、誰でもすぐに始めることができる。主婦が何かしようと思うとき、手っ取り早い「内職」である。

訪問販売といっても、初めての素人が知らない人の家を訪ねて販売するというのは、まずできることではない。恥ずかしい気持ちが先に立って気後れするので、人の玄関先に到底立てるものではない。まずは親戚、友人、知人から始め、さらにその人たちに紹介してもらって客層を広げていく、というのが普通のパターンだ。

もちろん、その商品やサービスを必要としている場合であれば、快く買ってくれるはずである。

しかし、今時はそういうものも少なく、それに好きなブランドなど好みも決まっている。そこで、金額にもよりけりであるが、「人のよい」人が「つきあい」に買ってくれる程度が関の山だ。また、その点をよくわきまえておく必要がある。すなわち、相手が「つきあって」くれているという点だ。

したがって、**少しでも強制的に売りつける結果になることは避けなくてはならない。「買ってくれないか」という言葉は、人によっては「売りつけられている」と感じる。**

そこで、知っている人に対しては、会話の中で何かの拍子に、自分が内職を始めたことを話し、その内容について簡単に紹介をするに留めたほうが無難だ。

相手が特別に興味を示したときにのみ、詳細について説明をする。そのうえで、自分の内職に対してではなく、その商品やサービスに対する相手の興味の度合いを探っていく。その関心度が高いときにのみ、価格をいうのだ。

価格をいえば、買いたいと思う人は売ってくれというであろうし、そうでなければ話も立ち消えになるはずだ。自分のほうから買ってくれといってはならない。

「つきあい」を利用して人にものを売りつけ、それが度重なってくると、相手は「つきあい」自体を拒絶しようとするようになる。せっかくの友人や知人を失ってしまう結果になる。

この点については、職としてものやサービスを売ろうとするときだけではなく、人に頼まれて催し物の切符を捌《さば》いたりするときでも同じである。心すべき点だ。

94

たった一度の「居留守」が、あなたの〝信用〟を傷つける!

会社の中であれ、家庭においてであれ、相手によっては、つい居留守を使いたい誘惑に駆られる。何らかの事情で逃げ回っているときとか、自分にとって間違いなく不愉快な結果になることが予想できるときとか、相手に対して悪い情報しか与えられない状況にあるときとかである。そこで、取り次いでくれた人に、手が離せないとか、出掛けているなどと、うそをつかせようとする。

しかし、電話機を手にしているときは、無意識のうちにかなり神経を集中している。電話の向こうで何が起こっているかを知ろうとして耳を澄ましている。**取り次ぐ人の反応が返ってくるまでの時間や、その話し方などによって、うそをついているかどうかは大体わかる。**

居留守を使う人は、居留守が癖になっている人である。したがって、何の心理的抵抗もなく、平気でうそがつける状態になっている。頻繁に居留守を使うので、周囲の人も慣れている。しかし、慣れは、その人に頻繁に電話をかける人についても同様である。相手が居留守を使っているということはすぐにわかってしまう。

私は海外のある商品の日本市場への販売を手伝う仕事もしていた。かなり大量に買ってくれるバイヤーの一人に、居留守が癖になっている人がいた。多くの小売店舗をコントロールしている人だから、もちろん忙しい。実際に外出しているときもあるが、明らかに居留守とわかるのが三回に一回はある。比較的広い大部屋に、それほど多くない人たちが働いていて、その中の長であるから、彼が席にいるかいないかはすぐわかるはずだ。それに電話に出てくる女性はいつも同じ人であり、居留守のときは反応に時間がかかるのと、声に後ろめたさが感じられるので、すぐにそれとわかった。

居留守を使って得をすることはない。相手に知れれば、ずるい人間という烙印を押されてしまう。それ以前に、自分の周囲にいる人に嫌がられるのは間違いない。人を無理やりうそをつく破目に追いこむのである。特に仕事の場では、電話の取り次ぎをするのは、部下や同僚であることが多い。上司や同僚に「いないといってくれ」といわれたとき、それを断るのは難しい。それに、自分が電話に出ているというのっぴきならない立場におかれているので、自分はうそをつきたくないなどといって、議論をしているひまもない。いわば、人の良心に反することを人に強制している結果になる。居留守を使っても、いずれは相手と話をしなくてはならない。とにかく、どんな場合でも居留守は使わないことを信条とすべきだ。

95

「相手の顔」を立てながら手助けをする、こんな方法

仕事の場で、自分のところはそれほど忙しくないのだが、隣の部署の人たちはきりきり舞いをしているというときがある。

そんなときに、自分には関係ないことと高みの見物をする人が多いのが、最近の一般的な傾向である。同じ組織の中、いや、同じ人間同士であるという意識があったら、自分に何かできることはないかと申し出るのが当たり前のはずだ。

ところが、それができないのはなぜか。自分が慣れていないことをして間違いを犯したら、逆に迷惑をかけるかもしれないという恐れがある。特定の仕事をするのは義務であると同時に、自分にだけすることができる権利でもある。したがって、人の仕事を代わりにすれば、一時的にであれ、人の仕事を横取りする結果になる。

さらに、電車やバスの中で席を譲るときと同じように、周囲のほかの人を出し抜くようにもなるので、何となく面映ゆいという感じもする。そのようなさまざまな要因が障害となって、手助けを申し出るという単純な行為ができないのだ。

しかし、このような考え方は、すべて自分の属する部門に閉じこもって、その他を

排斥しようとするセクショナリズムに基づいている。偏狭な縄張り根性である。真に人を助けようとする気持ちがあったら、手伝おうとするはずだ。

人の仕事を手伝えば、これからもまた手伝わされるのではないか、と危惧の念を抱く人もいる。しかし、自分が忙しいときには、その旨をいって断ればよい。忙しくないときであったら、繰り返し手伝えばよい。

それだけ仕事の経験を積み、勉強をするのであるから、自分の向上に役立つ。損をすることは一つもない。

骨惜しみをしても得をすることはない。もちろん、次々と人の仕事を、一時的にではなく恒久的に、次々と取りこんでいけば、自分自身が行き詰まって動きがとれなくなる危険性もある。ほかの人とのバランスを考えなくてはならない。向こう見ずに突進したのでは、自滅するのみである。

すべて適度が肝心である。**人よりも少し余分に働くくらいで、出すぎてはいけない。打たれない程度に出る杭を目指すのがよい。全体の中における自分の釣り合いを考えて行動する人に敵はいない。**

96

「何をしてもらえるか」より「何ができるか」を考える

何かの会やグループに加入するかどうかは、加入のメリットとデメリットを勘案したうえで決める。メリットには、勉強をしたり多くの人と知り合いになれたりして、それだけ自分の世界が広くなることや、有益な時間の使い方ができることなどがある。デメリットとしては、会費などの経済的負担をしなくてはならないことや、参加する義務などが課せられるので、それだけ時間的に拘束される結果になることなどである。

いったん加入したうえは、その利点を享受しなかったとしても、義務の履行は免れることができない。また、その会の会合などに参加するのは、権利であると同時に義務であると自覚する必要がある。皆の参加が会の隆盛につながっていくからである。

会に加入すると、会の目的以外にも、皆と話し合ったりして交流をする副次的な効用がある。ただ仲よくなり、楽しく過ごすのであれば、会の目的は何ら阻害されない。しかし、そこで知り合いになった人を利己的な目的のために利用しようとすれば、必ず皆に嫌がられる。

仕事に関係のある商品やサービスを売りつけたり、自分の子供や兄弟姉妹の催しの切符を買わせようとしたりする類いだ。また、会の中で自分の好みの人たちばかり集めて頻繁に飲んだりするのも利己的な利用のにおいが強い。会やグループ全体から見ると、徒党を組むことによって、全体の結束にマイナスの影響を与えるからである。

会やグループに入ったら、その利用は会の目的に沿ったものでなくてはならない。また、会のために自分ができることはないかと考え、尽力することもときには必要だ。特に個人主義的な色彩が強くなって利己主義の横行が見られる昨今にあっては、ときどき立ち止まって、全体のために尽くすことを考える必要がある。

アメリカの第三十五代大統領のジョン・エフ・ケネディが、一九六一年の就任演説でいった有名な文句がある。「私の仲間であるアメリカの皆さん、あなた方の国があなた方のために何ができるかを問うのではなく、あなた方があなた方の国のために何ができるかを問うのです」。この考え方は、国や会社など自分が属する大きな組織だけでなく、自分がかかわりあっている私的なグループの場合にも、忘れてはならない。

ときどき心を落ち着けて周囲を見回し、自分に何ができるかを考えてみる。そうすれば自分の利己的な行為にも気づくだろうし、同じグループの人とさらに仲よくなり、楽しいときを過ごす方法も見つかるはずだ。それは、皆に重宝がられ好かれる結果につながっていく。

97

「借りる人は返さない」

借りるという行為は、ほかの人のものを自分のために使うことであり、当然のことながら、返すことを前提にしている。借りたら、自ら進んで返すべきだ。相手に催促されてからでは、たとえ返したとしても、お互いの信頼関係にはひびが入っている。

価値が低いものであっても、借りたものは返さなくてはならない。例えば、会社の中で同僚から消しゴムを借りたときでも、使った後はきちんと返す。金額的にも微々たるもので、いずれにしても会社から支給されたものだからといって、自分が使い続けるのはよくない。相手は返してもらうことを期待している。

返さなくても、相手が金銭的に損をすることはないのでよいだろう、と軽く考えてはいけない。貸したものは使い慣れていて、手になじんでいたかもしれない。たとえ些細なものでも、そのものに対して愛着の気持ちがあるときは、損失感は大きい。自分の持っている価値観に従って考え、人も同じように思っているだろう、と想定するのは間違っている。

また、会社の備品など、すぐ簡単に調達できるものであったとしても、それまでは手元にないので不便な目を見る。したがって、用がすんだら即座に返す。「道義」の世界から見れば、小さなものでも返さなかったら、騙してとったのと同じことだ。詐欺である。バス代であれ、車を買う金であれ、借りて返さなかったら同罪である。むしろ、消しゴムなどという小さく価値が低いものであればあるほど、借りたら返すという原則を守る必要がある。それができるかどうかで、その人が人のことを考える協調性のある人か、または自分のことしか考えない利己的な人かが明確に判断できる。

いずれにしても、ものが何であれ、安易に借りる人は、返さなくてはならないという義務感が弱い人だ。その**典型的な例は、本の貸し借り**に見られる。私は本は買って手元に置いて読むものだと思っている。したがって、本は借りないし、貸したくない。しかし、やむをえない事情の下で、仕方なく貸さなくてはならないときがあった。今まで十中八九、返ってこない。

人の本を借りる人は、本に対する愛着の心が薄い人である。本という「知的財産」の価値を正当に評価していない。それに、読もうと思って借りたとはいえ、多分読み終える熱意がない。したがって、所有者に返す日が「永遠に」やってこないのだろう。

このように考えていくと、すべてのものについて、「借りる人は返さない人」という命題が成り立つ。借りない人が好かれるのは、自明の理である。

98

「相手を見て接し方を変える人」は信頼されない！

事務所など仕事をする場には、必ず掃除をする役目の人がいる。働く環境を明るく清潔で快適な状態に保つことなくしては、質が高く内容の充実した仕事を期待することはできない。したがって、掃除というのは、すべての仕事の基礎となる前提条件であり、それだけに極めて重要度の高い仕事である。

そう考えると、掃除をする人に対しては大いに感謝し、その労に報いるためにも、常に感謝の気持ちを表明する必要がある。そのようにされて初めて、掃除をする人も自分の仕事が人の役に立っていることがわかる。さらに、それが励みになり、よりきれいにしようとする意欲が湧いてくる。

また、掃除をする人の労を多《た》とする気持ちがあれば、少しでも協力する姿勢になるはずだ。ゴミが落ちていたら、それを拾う。自分はゴミの担当ではないからといって、我関せずという態度は、いかにも狭量だ。つまらないセクショナリズムに毒されている証拠である。

感謝の意を表明するといっても、くどくどと「ありがとう」をいう必要はない。

「おはようございます」とか、「今日は暑いですね」とかいって、挨拶をするだけで十分に気持ちは伝わる。同じ目標を目指して一緒に協力して仕事をしている、という考えが根底にあればよいのだ。

掃除などの雑用をする人に対して挨拶もしないというのは、明らかに一線を画しているという事実を示している。いわゆる下働きと考えていて、仲間として扱おうとしていない。

会社という組織は、その中で働く者が一丸となり、協力していって初めて、相乗効果が生じ大きな力が出てくる。

仲間同士はお互いに挨拶をすることによって、その結束を固め、さらには確認していく。ほかの組織に属する人であっても、自分の仕事を直接、間接に手伝ってくれる人は、自分たちの仲間であるという意識を持たなくてはならない。

家庭の要となる家事の内容は、炊事、洗濯、掃除、育児などである。人間の生活にとって、掃除が重要な要素の一つであることは明らかである。

仕事は紛れもなく生活の一部である。仕事の場における掃除の重要度を再確認し、掃除をする人への感謝の念を新たにすべきだ。掃除は仕事の出発点である。

99

こんな「小さなこと」で、「本当の性格」がわかる！

道の真ん中に突っ立って、陳列されている商品を見たりしている人がいる。自分が真っすぐに歩いていくと、その人の前を横切ることになる。対象物にもっと近寄ってくれていれば、通行の邪魔にならないのに、と抵抗を感じる。

そんなとき、天下の往来だから自分に権利があるといわんばかりに、真っすぐに闊歩していけば、相手も気づいて後ずさりをし、謝るような風情を見せる。一所懸命に見入っていたので、人の迷惑になっていることに気づかなかったのだ。

もちろん、人が見ているのを邪魔したといって、挑発的な態度を見せる者もいる。お互いに気まずい気分を味わう結果になる。血気にはやる人同士であったら、けんかの場にもなりかねない。お互いが権利意識のみ濃厚な場合は起こりうる事態である。

あるいはその人は、人の迷惑などは一切考えないで、突っ立っているのかもしれない。だが、そのような人は、非を悟らせようとして正面から立ち向かっても、反省はしない。北風と太陽の話の太陽のように、相手の内面にはたらきかけるほうが得策だ。

手本を示すのだ。すなわち、自分が道をよけて、突っ立っている人の後ろ側を通っていく。相手はこちらが気を使っていることがわかり、礼をわきまえた人であれば、口に出して自分の非礼を詫びるはずだ。**人と人とが共存していくためには、余裕のあるほうが余裕のないほうに譲る、という人生の道理**が実践されている。お互いの心が満たされ、気分も軽くなる。

よけて通ったにもかかわらず、相手が当たり前のような顔をしていたからといっても、怒ったり嘆いたりする必要はない。他人がしてくれたことは、その時点では意識しなくても、それなりにきちんと人の記憶に残る。いつかはその人の心にも余裕ができたとき、人の気持ちの「ぬくもり」が思い出されるはずだ。**ぬくもりは、ゆっくりとわずかずつしか伝わっていかない。人の心を伝えるときは、性急にしたのでは失敗する。**辛抱強く、常に少しずつ時間をかける必要がある。初めから、すぐに相手に伝わるなどと考えず、不言実行あるのみだ。

このような路上における行動は、忙しく走り回っている人の目からは、まったく神経を使う必要がないカテゴリーに属するものかもしれない。しかし、知らない人に対して、どの程度その人のことを考えられるかが、人間関係を構築するときの出発点だ。

小さなことに配慮ができるかどうかでその人の人間関係が決まる。一事が万事。こんな場合の言動を見れば、その人の人間関係の全容が明確に浮き彫りになってくる。

100

謝ってきた人への接し方、謝ってこない人の叱り方

間違いを認めて謝りにきた人に対して、口やかましく叱ったり文句をいったりしても始まらない。その間違いによって自分が被った迷惑や損失について、腹立たしさを相手にぶちまけているだけである。相手との人間関係に対しては、逆にマイナスの効果を及ぼす結果になる。

間違いを犯して謝ろうとしない人に対しては、悪い点を指摘して叱ることも必要である。なぜ間違いを犯したかを分析し、二度と同じ間違いをしないように、ポイントを説明し教えておかなくてはならない。悪いことをした点を、きちんと認めさせておく必要がある。

しかし、自ら進んで謝りにきた人に対しては、そのような必要はない。本人が自分が悪かった点を認めたうえで、すでに十分反省しているからである。追い討ちをかけるようにガミガミいったのでは、せっかく反省している気持ちをくつがえす結果にもなりかねない。

叱ったり、文句をいったりするのは、かなり攻撃的な行為である。人は攻められた

ら防ごうとする。すなわち、文句をいわれたら、自分を弁護しようとする心理がはたらく。素直に反省して自分の心も平静になっているところを乱される。すると、反抗的な気持ちが頭をもたげてくることにもなる。

謝りにきた人の言葉には静かに耳を傾ける。その率直さを称賛し、今後について激励の言葉でもかければ、相手は二度と迷惑はかけまいと思う。将来に向かっての積極的な姿勢になる。そうなると、まさに「失敗は成功の母」という結果になる。

謝りにくる人は、謝ることによって、自分の傷ついた心を癒そうとしている点にも、考えを及ぼす必要がある。それは温かく迎え入れるのだ。窮鳥懐《きゅうちょうふところ》に入れば猟師もこれを殺さず。助けを求めてくれば、その事情は問わないで助けるのが人の道である。

冷静になって自らを顧みれば、自分も間違いを犯し続けて生きている。人の謝罪を受け入れなかったら、自分が謝罪するとき、人に受け入れてもらえなくなる。人生は持ちつ持たれつだ。相手の身になって考えれば、誰でもすぐにわかる道理である。「間違い」は憎んでも、「間違いを犯した人」を憎んではいけない。

常に自分自身を反省し、謙虚な姿勢を維持し続けることによって、広い心を持つことができる。**心が広い人のところには、人が入ってくる余地がたくさんある。**すなわち、好ましい人として人が集まってくるはずだ。

101

人に「花」を持たせる——こんな人の周りに人は集まる！

何か立派なことをして表彰されるようなとき、誰もが「皆さんのご協力のお陰で」などという。自分一人の力ではなく、周囲の人たちの協力があってこそ成し遂げることができた、といって皆に感謝するのである。

表彰される段階に至って初めて、皆に感謝する余裕ができるようである。そこまでの経緯の中では、手柄は独り占めにしようとする意識が強いのが人の常だ。それは、多くの叙勲に至るまでの経緯を観察すれば明らかである。我も我もというエゴがひしめいている。

自分が中心になって何かの成果を上げたとき、自分一人の力で成就したと考えたい。しかし、実際に周辺的なことで手伝ってくれた人もいれば、適切な助言を与えてくれた人もいる。何ら具体的に手は貸さなかったが、その作業の進行状況を温かく見守ってくれた人もいる。励ましてくれた人もいる。何らかのプラスの貢献をしてくれた人たちである。

精神的な支援さえしてくれなかった人でも、自分の作業の邪魔をしなかっただけ、自分に協力してくれた人と見なすことができる。

したがって、**周囲にいる人たちは皆、自分の成果に対して何らかの貢献をしている。正確な意味では、人間社会の中では、独力でできることは何一つないのである。必ず誰かに助けられ、支えられている。**

その点を銘記して、自分が何かを上手に成し遂げたときは、周囲を見回して「功労者」を見つけ出して、その人に花を持たせることを考えてみる。

会社の仕事の場合であれば、たとえ小さなプロジェクトであっても、それがつつがなく完了したときは、まず自分以外の人で最も貢献度の高い人を見つけ出す。その人を立て、その人に功績を「押しつける」のである。

いつも人に花を持たせる人の周りには、多くの人が集まってきて、一緒に仕事をしようとする。協力して仕事を成功に導けば、常に「過分」の賛辞を呈してくれ、花を持たせてもらえるからである。一所懸命に尽くそうとするはずである。

そうなると、**人に花を持たせるのが上手な人のすることには失敗がない。皆が真剣に協力してくれるので、いつも間違いなく最良の成果を上げる結果になる。**それに対して、常に自分が花を持とうとする人には、誰も本気で協力をすることはない。

本書は、小社より刊行した『好感を持たれる人の気の使い方101』を、改題したものです。

「気《き》の使《つか》い方《かた》」がうまい人《ひと》

著　者――山﨑武也（やまさき・たけや）
発行者――押鐘太陽
発行所――株式会社三笠書房
〒102-0072 東京都千代田区飯田橋3-3-1
電話：(03)5226-5734（営業部）
：(03)5226-5731（編集部）
http://www.mikasashobo.co.jp
印　刷――誠宏印刷
製　本――若林製本工場

ISBN978-4-8379-2542-2 C0030